Janet und Geoff Benge

C. T. Studd

Der Draufgänger Gottes

CLV

WEC International
Weltweiter Einsatz für Christus

Die Bibelzitate sind der Elberfelder Übersetzung 2003, Edition CSV Hückeswagen, entnommen.

Abkürzungen

A. d. A.	Anmerkung der Autoren
A. d. H.	Anmerkung des Herausgebers
svw.	so viel wie

1. Auflage 2016
2. Auflage 2018
3. Auflage 2019
4. Auflage 2022

Christliche Literatur-Verbreitung
Ravensberger Bleiche 6 · 33649 Bielefeld
Internet: www.clv.de

Übersetzung: Johannes Böker, Eppstein
Satz: EDV- und Typoservice Dörwald, Steinhagen
Umschlag: Andreas Fett, Meinerzhagen
Druck und Bindung: CPI books GmbH, Leck

Artikel-Nr. 256275
ISBN 978-3-86699-275-7

Inhalt

KAPITEL 1

Verirrt

»So etwas Dummes. Wir haben uns total verirrt«, sagte Charles Studd und schaute sich in dem grünen Blättermeer um. Er und sein Reisegefährte Alfred Buxton hatten mehrmals vergeblich versucht, den richtigen Pfad durch den dichten afrikanischen Dschungel zu finden, aber immer wieder kamen sie an derselben Stelle heraus. Nun begriffen sie: Sie hatten sich total verlaufen.

Alfred trat neben Studd und schaute ihn an. »Was sollen wir denn jetzt machen? Verirrt, verlaufen, wir sind beide furchtbar hungrig, und als ob das nicht reicht, haben wir keine Ahnung, wo unsere Träger sind. Diese Männer tragen unsere gesamten Vorräte!«

Nach einem Schweigen, das nur allzu deutlich verriet, dass beide Männer nicht wussten, was sie sagen oder tun sollten, setzten sich die beiden Engländer wieder in Bewegung und marschierten tapfer weiter. Schließlich erreichten sie eine Lichtung. Charles schaute nach oben; vielleicht konnte er ja an den Wolken oder den Flugrouten der Vögel erkennen, wo sie waren.

»Ist dir bewusst, dass dies die Gegend ist, wo sie den Elefantenjäger mit einem vergifteten Pfeil getötet haben?«, flüsterte Alfred ängstlich.

Charles bekam eine Gänsehaut. »Ja, ich weiß«, erwiderte er. Er schaute sich um. »Ich will das hier nicht dramatischer machen, als es ist, aber um ehrlich zu sein, Alfred, ich habe das komische Gefühl, dass uns jemand beobachtet.«

»Du auch?«, hauchte Alfred. »Ich wollte ja nichts sagen. Aber ich habe das gleiche Gefühl. Wie sollen wir hier bloß wieder herauskommen?«

Bevor Charles antworten konnte, hörten die Männer hinter sich im Dschungel ein Rascheln. Blitzschnell drehten sie sich um und sahen, wie ein bis auf ein zerlumptes Hemd nackter Afrikaner aus dem Dickicht auf sie zukam. Charles und Alfred starrten auf den Pfeil und Bogen in seiner linken Hand. Der Mann lächelte und zeigte seine weißen Zähne, die zu Spitzen gefeilt worden waren.

»Schau auf die angespitzten Zähne, das ist ein Menschenfresser«, entsetzte sich Charles.

Erst dann entdeckte er den geflochtenen Korb, den der Mann in seiner Rechten hielt. Der Korb war voll mit Süßkartoffeln und Maiskolben. Der Mann lächelte immer noch, und Charles begann zu hoffen, dass er ihnen nichts Böses wollte. Dann deutete Charles auf den Korb und schlug sich auf den Bauch, um zu zeigen, dass er Hunger hatte, und der Mann verstand. Er kam näher und gab Charles einige Maiskolben und Süßkartoffeln.

»Vielen Dank, sehr freundlich von Ihnen«, sagte Charles auf Englisch – wohl wissend, dass der Mann keine Silbe seiner Sprache verstehen konnte.

Charles wollte sich erkenntlich zeigen, aber weder er noch Alfred hatten Geld dabei. Dann entdeckte er auf einmal die Knöpfe an seiner Hose. »Sag mal, weißt du, warum Hosen so viele Knöpfe haben?«, fragte er Alfred mit einem Grinsen.

Alfred schaute ihn verwirrt an und verstand angesichts der Situation, in der sie sich befanden, die Frage nicht.

»Ich sag's dir«, fuhr Charles fort, »um damit bei unbekleideten Kannibalen für Gemüse zu bezahlen, wozu denn sonst?« Dann riss er sechs Knöpfe von der Hose und gab sie dem Mann.

Ein breites Lächeln legte sich über das Gesicht des Mannes und gab den Blick auf die angespitzten Zähne frei. Dann plötzlich forderte er die beiden Missionare auf, ihm in den Dschungel zu folgen. Charles und Alfred schauten einander verwirrt an, folgten ihm aber.

Nach etwa einer Stunde kamen sie wieder zu einer Lichtung, auf der sich ein kleines Dorf befand.

»Glaubst du nicht, das könnte eine Falle sein? Vielleicht wollen die uns töten und fressen?«, flüsterte Alfred, als sie dem Dorf näher kamen.

»Nein, das glaube ich nicht«, beruhigte ihn Charles, »dafür sind wir zu mager und zu zäh. Da gibt es Tiere im Urwald, deren Fleisch viel zarter und leckerer ist.«

Der Mann führte sie zum Lagerfeuer in der Nähe einer Grashütte. »Hinsetzen!«, gab er ihnen mit einer Handbewegung zu verstehen. Als Charles und Alfred ihm gehorcht hatten, legte er die Süßkartoffeln und Maiskolben in die Glut. Nach einer halben Stunde holte er sie wieder heraus und brachte sie zu seinen Gästen. Aus der Hütte holte er jetzt gebratenes Fleisch und setzte es ihnen ebenfalls vor. Die halb verhungerten Wanderer hörten auf, sich zu sorgen oder zu wundern. Ohne Fragen zu stellen oder länger zu warten, verschlangen sie gierig das Fleisch und das Gemüse.

»Die Süßkartoffeln und die Maiskolben schmecken ja fantastisch«, bemerkte Alfred zwischen zwei Bissen, »und das Fleisch, so zart und saftig. Von welchem Tier stammt das wohl?«

»In einem Kannibalendorf stellst du diese Frage besser nicht«, gab Charles trocken zurück.

Ihr Gastgeber lächelte, während sie aßen.

Plötzlich grinste Alfred breit. »He, stell dir mal vor, die Leute in England könnten uns jetzt sehen.«

»Ja, die meisten würden uns das kaum glauben«, erwiderte Charles.

Während Charles weiter an seinem Maiskolben kaute, dachte er über diese Vorstellung nach. Ja, was würden die Leute zu Hause in England wohl denken? Er, Charles, war in einer reichen Familie aufgewachsen. Er hatte Eliteschulen besucht. Er war der beste Kricketspieler seines Landes gewesen. Tausende waren als

Zuschauer zu seinen Wettkämpfen gekommen. Ob diese Fans sich jemals vorstellen konnten, dass ihr Kricketstar mitten im afrikanischen Urwald saß und zusammen mit Kannibalen eine Mahlzeit einnahm? Er glaubte es ja selbst kaum. Was hatte sein Leben doch für eine drastische Wendung genommen! Was würden die Leute daheim wohl denken und sagen, wenn sie ihn jetzt hier sehen würden?

KAPITEL 2

Ein religiöser Fanatiker

Charles stand im Innenhof des Eton College und unterhielt sich mit seinen Freunden.

»Unglaublich, dass ihr alle drei in die erste Mannschaft aufgestiegen seid«, staunte Cecil Polhill-Turner und gratulierte Charles und seinen Brüdern. Dann rief er den anderen Studenten zu: »Schaut euch die Studd-Brüder an. Ich prophezeie euch, 1877 wird unser bestes Jahr. Wir werden die Mannschaft von Harrow schlagen!«

Charles lachte: »Für ein erfolgreiches Kricket-Team braucht man bekanntlich mehr als drei Leute, aber wir werden alles geben. Doch vorher müssen wir es erst einmal unserem Vater erzählen.«

Charles war sich sicher, dass sein Vater Edward vor Stolz platzen würde. Seine drei Jungs, die altersmäßig dicht beieinander und alle noch Teenager waren – Kynaston (auch Kinny genannt), George und Charles –, hatten es jetzt ausnahmslos in die führende Kricketmannschaft der Eliteschule von Eton geschafft. Ihr Vater war durch und durch sportbegeistert. Am meisten hatten es ihm Kricket und Pferderennen angetan. Eines seiner Pferde namens Salamander hatte 1866 sogar den ersten Platz beim »Grand National«[1] belegt.

»Seht her, hier kommt Kinny«, unterbrach Cecil Charles' Gedanken.

Mit stolzgeschwellter Brust schlenderte Kinny, der frisch gekürte Mannschaftskapitän, auf die Gruppe zu und wedelte mit einem Brief in der Hand.

1 A. d. H.: Bedeutendstes Pferdehindernisrennen in Großbritannien.

»Schau mal, was ich hier habe«, sagte er und fuhr seinem jüngeren Bruder durch das Haar. »Post von Vater. An diesem Wochenende will er sich mit uns in London treffen. Hast du Zeit?«

Charles nickte. »Schreibt er auch, was er mit uns vorhat?«

»Nein, kein Wort«, erwiderte Kinny. »Ich denke mal, er will mit uns feiern gehen, ins Theater, ins Konzert oder so.«

»Klingt gut«, meinte Charles, »ich bin ja gespannt, wer ihm die Kricket-Neuigkeiten schon gesteckt hat.«

Die Gruppe löste sich kurz danach auf, und Charles ging auf sein Zimmer, das er mit seinen Brüdern teilte. Bevor sie irgendwo hingehen konnten, musste sein Butler den Sonntagsanzug bügeln. Die Studds gehörten zu den reichsten Familien in ganz England, und Vater Edward wollte, dass man das seinen Söhnen auch ansah.

Als der Samstag kam, stiegen die drei jungen Männer zur verabredeten Zeit in den Zug, der sie zum Bahnhof Paddington Station bringen sollte. Dort wartete der Vater schon auf sie. Mit seinen 56 Jahren sah er noch jugendlich und frisch aus. Als er sie von außen im Zug entdeckte, winkte er ihnen zu.

Nach der Begrüßung fragte Charles: »Also Vater, wo geht es hin?«

»Oh, hatte ich das nicht geschrieben? Wir gehen ins berühmte Drury Lane Theatre – zu einer ganz besonderen Vorstellung. Gefällt euch garantiert.«

»Und was wird dort gespielt?«, wollte Kinny wissen. Vater Edward sagte nichts, sondern ging mit seinen Söhnen durch das überfüllte Bahnhofsgebäude zum Vorplatz, wo schon die Kutsche wartete.

Charles fragte sich, was es dort so Tolles geben sollte. Außerdem wunderte er sich, dass sein sportbegeisterter Vater ihnen gar nicht zum bemerkenswerten Aufstieg in die führende Kricketmannschaft von Eton gratuliert hatte.

Als die Kutsche schließlich in die Straße zum Theater einbog, verfiel Charles in Schockstarre: Auf großen Plakaten stand: »Kommen und erleben Sie Dwight L. Moody, den Prediger, und Ira Sankey, den Sänger.«

George lehnte sich zu seinem Bruder Charles hinüber und flüsterte: »Ich fasse es nicht, unser alter Herr ist religiös geworden.«

Als ob er das gehört hätte, räusperte sich Edward Studd und setzte an: »Jungs, ich muss euch etwas sehr Wichtiges sagen. Seit dem Sommer hat sich mein Leben grundlegend geändert. Ihr kennt doch meinen Freund, Mr. Vincent. Er hat uns mit der ganzen Familie besucht. Es war nicht mehr der Mr. Vincent, den ich seit so vielen Jahren von Indien her kannte. Er hat mich ins Theater zu diesen beiden Amerikanern, Moody und Sankey, eingeladen. Ich hatte überhaupt keine Lust. Dummerweise hatte ich ihm aber versprochen, dass er bestimmen durfte, was wir an dem Abend machen wollten. Und genau hier wollte er hin. Also stand ich zu meinem Wort und ging mit. Und ich sage euch, was der Moody da gepredigt hat, ergab mehr Sinn als alles, was ich sonst jemals gehört habe. Und danach bin wiedergekommen – jeden Abend, bis ich mich grundlegend bekehrt habe.«

Totenstille. Schließlich brach Kinny das Schweigen und fragte: »Bekehrt? Heißt das, dass du jetzt … ein religiöser Fanatiker bist?«

Charles schaute seinen Vater an und sah ein breites Grinsen in seinem Gesicht.

»Ihr müsst es einfach selbst erleben«, antwortete Mr. Studd. »Es gibt nichts auf der ganzen Welt, was auch nur im Entferntesten an das Glück heranreicht, Jesus Christus zu kennen. Seitdem er in mir lebt, hat sich mein Leben komplett geändert. Pferderennen interessieren mich nicht mehr, und ich habe kaum noch Zeit zum Jagen. Ihr werdet das Haus nicht wiedererkennen. Den großen Ballsaal habe ich leer geräumt und Stühle und Bänke hineingestellt, und alle möglichen Leute – Kaufleute, Geschäftspartner und Hausangestellte – kommen jetzt zu den Versammlungen. Es ist unglaublich.«

»Und was denkt Mutter darüber?«, fragte George zweifelnd.

»Sie ist auch Christin geworden und steht voll hinter mir. Ich war noch nie so glücklich in meinem Leben. Ach Jungs, Jesus ist wirklich die Antwort, ganz bestimmt. Er ist die Antwort auf alle Fragen des Lebens.«

Angespannt starrte Charles auf den Sitz der Kutsche. Er hatte Angst, dass sie alle laut loslachen würden, sobald er aufschaute. Sein Vater, der knallharte Geschäftsmann, der als junger Mann in Indien ein Vermögen gemacht hatte, um dann in England sein Leben zu genießen, war jetzt ein religiöser Spinner? Für Charles war das alles zu viel. Warum hatte ihn niemand gewarnt?

»Hier entlang«, zeigte Mr. Studd seinen Söhnen den Weg, als die Kutsche vor dem Theater hielt. »Jetzt hört euch den Moody einfach mal selbst an. Danach fahren wir nach Hause, um es uns beim Abendessen gemütlich zu machen, und ihr könnt mich alles fragen, was ihr wollt.«

Die Studds besaßen eine wunderschöne Stadtvilla am Hyde Park. Mr. Studd hatte sie vor einigen Jahren gekauft, um eine standesgemäße Bleibe in London zu haben, wenn er zu Pferdegeschäften und -rennen in die Stadt kam. Am liebsten wäre Charles schon jetzt dorthin gegangen, um sich über Kricket oder sonst etwas zu unterhalten. Aber nein, zusammen mit seinen Brüdern trottete er seinem Vater hinterher, um bei dieser Versammlung zugegen zu sein. Als sie hineinkamen, wurde schon kräftig gesungen, aber merkwürdigerweise kannte Charles keines von den Liedern. Wie alle wohlerzogenen englischen Jungen zu jener Zeit musste auch er jeden Sonntag in die Kirche gehen, aber die Lieder hier waren nicht die anglikanischen Kirchenlieder, die er kannte.

Nicht nur die Lieder waren anders – auch die Art der Verkündigung war für Charles völlig neu. Als Moody auf die Bühne ging und anfing zu predigen, stellte Charles fest, dass er noch nie jemanden mit so viel Feuer und Überzeugung hatte predigen hören. Er hörte genau zu, aber er konnte die Begeisterung seines Vaters nicht teilen. Er fand den Prediger schon gut, verstand aber nicht, wovon er eigentlich sprach.

Nach der Veranstaltung ging es endlich in die Stadtvilla zum Abendessen. Die Unterhaltung bei Tisch war sehr einsilbig. Alle drei Söhne waren sich einig: Mit dem religiösen Überschwang ihres Vaters konnten sie nichts anfangen.

Aber es kam noch schlimmer. Als sie beim Nachtisch angekommen waren, eröffnete Mr. Studd ihnen, dass er fast all seine Pferde verkaufen und nur noch vier Tiere behalten wollte – für jeden Sohn und für sich je eines. Pferdezucht, Pferdewetten und Pferderennen waren für ihn bedeutungslos geworden.

»Ich habe mal den Prediger Moody um seine Meinung dazu gefragt«, sagte Mr. Studd fröhlich, »und er hat gesagt: ›Wenn man erst einmal einen Menschen für Jesus gewonnen hat, will man nichts anderes mehr tun.‹ Und wisst ihr was? Der Mann hat recht behalten. Nachdem sich der Erste bei mir bekehrt hatte, wurden mir Pferderennen oder Geldgeschäfte gleichgültig. Ist das nicht wunderbar?«

Totenstille.

In der folgenden Woche ging das Studium der drei Studd-Brüder am Eton College seinen gewohnten Gang. Hier gab es in der College-Kirche feierliche Gottesdienste und nicht so »überdrehte christliche Veranstaltungen« wie jene, die sie am Wochenende erlebt hatten.

Die Wochen gingen ins Land, und Charles versuchte, die Bekehrung seines Vaters zu vergessen. Aber schon jetzt war ihm klar, dass in den Sommerferien zu Hause in Tedworth jedes Wochenende christliche Versammlungen stattfinden würden. Außerdem machte die Nachricht von Mr. Studds Bekehrung am Eton College langsam die Runde, und Charles' Freunde sprachen ihm ihr

»Beileid« aus. Sie konnten sich nichts Schlimmeres als einen religiösen Vater vorstellen.

Glücklicherweise mussten sich die Studd-Brüder auf ihre Kricketkarriere konzentrieren. Und tatsächlich – wie schon vorausgesagt, schlug die Eton-Mannschaft mit den drei Studd-Brüdern ihren Erzrivalen Harrow haushoch: Im entscheidenden Spiel erzielte Kinny 52 Runs, während Charles es auf 53 brachte und George 54 gelangen. Das war ein Ereignis, über das wochenlang geredet wurde.

Schließlich kam der Sommer, und Charles und seine Brüder packten ihre Sachen, um sich auf den Weg zu ihren Eltern zu machen. Tedworth House, das herrschaftliche Anwesen mit seinen weißen hohen Säulen und seiner pompösen Architektur, lag da wie immer, aber zum ersten Mal war Charles nervös, als er es betrat. Was kam da auf ihn zu? Es war genau so, wie sein Vater gesagt hatte. Im Ballsaal standen jetzt Stühle und Bänke auf dem schönen Marmorboden. Am Eingang lagen in hohen Stapeln Gesangbücher und Bibeln.

Die Eltern gegrüßten die heimgekehrten Studenten herzlich, und die vier Jüngsten in der Familie – Arthur, Herbert und Reginald sowie die kleine Dora – sprangen um ihre »berühmten« Brüder herum. Die jüngeren Geschwister hatten schon Pläne für die Ferienzeit gemacht: Picknicks, Kricketspiele, Jagdausflüge. Aber immer wieder erzählten sie von den Veranstaltungen an den Wochenenden. Da kamen Hunderte von Menschen in ihr Haus. Charles war nicht wohl bei dem Gedanken, dass seine Jugendfreunde und ihre Familien ebenfalls dazu eingeladen wurden.

Alles hatte sich verändert im Hause Studd. So kam es, dass Charles versuchte, seinem Vater auszuweichen, wo es nur ging. Denn Vater Edward lenkte jede Unterhaltung auf Glaubensdinge und fragte seinen Sohn mehr als einmal, ob er er nicht gerettet werden wollte. Er ging sogar so weit, sich abends an das Bett seines Sohnes zu setzen und ihm zu erklären, warum er unbedingt Christ werden sollte. »Das wird deine allerbeste Erfahrung im Leben werden«, versicherte der Vater immer wieder. Charles wurde das alles zu viel, und er fühlte sich wie ein Gefangener im eigenen Haus. Häufig stellte er sich einfach schlafend, wenn er abends seinen Vater kommen hörte. Und bevor er einen Raum betrat, schaute er erst einmal von außen hinein, ob sein Vater schon drinnen war.

Am schlimmsten waren die Wochenenden, wenn sich all die Gläubigen im Haus aufhielten. Überall wurde ständig gesungen und gebetet – nicht nur bei den Zusammenkünften, sondern auch im Speisesaal und sogar im Garten. Und es wurde über fast nichts anderes als über Jesus Christus gesprochen. Charles und seine Brüder hielten es nicht mehr aus.

Wieder einmal war ein Prediger für das kommende Wochenende eingeladen worden – ein gewisser Mr. Weatherby. Dies war der Tropfen, der das Fass zum Überlaufen brachte. Aus Sicht der Studd-Brüder musste etwas geschehen. Charles hatte gesehen, wie Mr. Weatherby auf seinem Pferd angeritten kam – ein hagerer, humorloser Mann, wie es schien.

»Old Weatherby ist ein schlechter Reiter. Den schnappen wir uns«, flüsterte Charles seinen Brüdern am Samstagmorgen zu. »Wir laden ihn zu einem Ausritt ein und geben ihm Vaters Pferd. Wir fangen ganz gemächlich an und gehen dann plötzlich in den Galopp über. Vaters Pferd zieht da natürlich mit. Und dann wollen wir doch mal schauen, wie sattelfest Old Weatherby ist!«

Gesagt, getan. Kinny, George und Charles holten ihre Pferde aus dem Stall und warteten, bis Mr. Weatherby so weit war. Reiten lag Charles im Blut. Ja, solange sie zurückdenken konnten, hatten die Studd-Söhne im Sattel gesessen. Als sie noch klein waren, hatte ihre Mutter ihnen die rote Reiteruniform angezogen, und der Vater hatte sie am Sattel festgebunden. Alle Studd-Söhne konnten reiten, bevor sie sechs Jahre alt waren.

Mr. Weatherby hatte der Einladung freudig zugestimmt, und es ging los. Nachdem sie das Gelände von Tedworth House verlassen hatten, ritten sie langsam durch die herrliche englische Landschaft – vorbei an Hecken und Schafherden. Plötzlich zwinkerte Charles seinen Brüdern zu. In Sekundenschnelle preschten die drei in vollem Galopp los und rissen Mr. Weatherbys Pferd mit. Jetzt begann der Rodeo-Ritt. Der arme Prediger hing im Sattel und klammerte sich fest.

Dann sprangen die drei über ein Tor, aber Old Weatherby blieb im Sattel, bevor ein weiterer Sprung folgte und noch einer – doch der Prediger war immer noch oben. Schließlich merkten die Jungen, dass da nichts zu machen war. Sie verlangsamten das Tempo, und der Prediger schloss wieder zu ihnen auf. Charles erwartete eine Standpauke, aber Mr. Weatherby sagte nur: »Welch ein herrlicher Tag für so einen Ausritt, findet ihr nicht?«, und lächelte.

Charles hatte ein schlechtes Gewissen, weil er und seine Brüder dem Prediger und Freund ihres Vaters so arg mitgespielt hatten. Aber das Schuldgefühl hielt nicht lange an. Charles versuchte, ihm für den Rest des Tages einfach aus dem Weg zu gehen. Doch als er abends noch eine Runde um das Haus drehte, stand der Prediger auf einmal vor ihm.

»Hast du mal einen Moment für mich, Charles?«, fragte er den jungen Mann.

Unter keinen Umständen wollte Charles sich allein mit ihm unterhalten, aber auf der anderen Seite schuldete er Old Weatherby noch etwas für den »Höllenritt« am Morgen.

»Na gut, worum geht es denn?«, wollte Charles wissen.

»Komm, wir setzen uns hier auf die Gartenstühle«, meinte der Alte.

Gehorsam setzte Charles sich, und dann begann der Prediger: »Charles, bist du Christ?«, wollte er wissen.

Genau das hatte Charles vermutet. Er fühlte sich in der Falle. Was sollte er sagen? Nach einer längeren Pause stammelte er:

»Ja, aber vermutlich nicht so, wie *Sie* das meinen. Ich habe schon immer an Gott geglaubt, seit ich denken kann.« Er vermied den Augenkontakt und fügte hinzu: »Und ich gehe natürlich auch in die Kirche.« Er hoffte, dass der Prediger mit dieser Antwort zufrieden war. Das war allerdings nicht der Fall.

»Charles, jetzt schau mal. Gott hat die Welt so sehr geliebt, dass er seinen einzigen Sohn hingab, damit jeder, der an ihn glaubt, nicht verlorengeht, sondern ewiges Leben hat. Glaubst du also, dass Jesus Christus starb?«

Charles zögerte. Er wollte in keine Falle gehen, antwortete dann aber doch ehrlich:

»Ja, das glaube ich.«

»Sehr schön. Glaubst du auch, dass er für dich starb?«, bohrte der Prediger weiter.

»Ja«, kam es etwas zögerlich.

»Prima. Glaubst du dann auch den zweiten Teil dieses Verses, wo es heißt, dass du ewiges Leben bekommen wirst?«

»Eher nicht, ich finde das sehr schwierig zu glauben«, antwortete Charles.

»Aber es ist doch inkonsequent, den ersten Teil eines Bibelverses zu glauben und den zweiten Teil nicht«, entgegnete Mr. Weatherby.

»Ja, da haben Sie wohl recht«, gab Charles zu.

»Bist du in Glaubensdingen immer so inkonsequent?«

»Nein, nicht immer«, erwiderte Charles. »Irgendwann werde ich mich mal intensiv damit befassen.«

»Aber warum denn nicht hier und jetzt«, warf der Prediger ein.

Charles überlegte einen Moment und fand, der Alte hatte recht. Den Anfang eines Verses glauben und das Ende nicht, das war unlogisch. Er seufzte und sagte dann: »Es stimmt: Wer A sagt, muss auch B sagen.«

»Hervorragend. Das ewige Leben ist ein Geschenk, und wenn dir jemand zu Weihnachten etwas schenkt, was machst du damit?« Mr. Weatherby wartete die Antwort gar nicht mehr ab. Er klopfte Charles freundschaftlich auf die Schulter und sagte: »Du nimmst es an, packst es aus und sagst Danke. Und dasselbe gilt für das Geschenk des ewigen Lebens. Du nimmst es an und sagst Gott Danke.«

Das klang wirklich einfach und logisch. Und weil sonst niemand gerade zusah, ging Charles auf seine Knie und dankte Gott für dieses Geschenk.

Als er aufstand, war etwas anders geworden, wie er ganz überrascht feststellte. Charles spürte, wie Freude und Frieden in sein Leben gekommen waren. Der Prediger erklärte ihm noch kurz, dass regelmäßiges Beten und Bibellesen sehr wichtig sind, und dann trennten sie sich.

Charles ging in Richtung des Kricketspielfeldes und stellte fest, dass es sich gar nicht so schrecklich anfühlte, ein richtiger Christ zu sein. Aber er wollte es für sich behalten und niemandem etwas davon sagen.

KAPITEL 3

Der Kricket-Champion

Das Studium in Eton hatte wieder begonnen, und Charles saß mit seinen zwei Brüdern am Frühstückstisch. Er war sich treu geblieben und hatte niemandem von seiner Bekehrung erzählt, außer seinem Vater. Ihm hatte er von Eton aus einen vertraulichen Brief über seine Bekehrung geschrieben, wobei er auf dem Umschlag mit schwarzem Stift dick »Persönlich« vermerkt hatte. Er wusste, dass sich sein Vater über seinen Glaubensschritt freuen würde.

Die drei Brüder waren gerade beim zweiten Brötchen angekommen, als ihr Butler eintrat und Kinny einen Brief überreichte. Er war an alle drei adressiert, aber Kinny las ihn zuerst. Ohne etwas zu sagen, gab er ihn weiter an George, der ihn las und wortlos an Charles weiterreichte.

Dem blieb die Spucke weg. Ihr Vater gratulierte jedem von ihnen, dass sie am gleichen Tag bewusste Christen geworden waren, nachdem sie jeweils mit Mr. Weatherby gesprochen hatten!

Etwas geschockt schauten sie einander an. Anscheinend hatten sie alle drei diese Lebensentscheidung an ein und demselben Tag getroffen und niemandem davon gesagt.

»Jetzt ist die Katze aus dem Sack«, lachte Kinny. »Habt ihr es an dem Tag ernst gemeint?«

»Hundert Prozent«, erwiderte Charles, »nur wollte ich nicht so ein großes Ding daraus machen – ihr wisst ja, wie aufgeregt Vater bei so etwas ist.«

»Mir ging's genauso«, stimmte George zu. Seit diesem Tag lese ich täglich die Bibel und bete, und selbst die Gottesdienste geben mir viel mehr als früher.«

»Ich fasse es nicht, mir geht es ebenso. Und soll ich euch etwas sagen: Ich habe für euch beide gebetet, dass ihr doch auch entschiedene Christen werden mögt. Da habe ich gesessen und gebetet, und dabei wart ihr es schon«, staunte Kinny mit einem Grinsen.

Was für ein Frühstück! Alle drei Studd-Jungen waren, nachdem sie fast ein Jahr lang Widerstand geleistet hatten, am selben Tag durch denselben Mann zum Glauben gekommen. Es dauerte nicht lange, da hatten sie zusammen mit einigen ihrer besten Freunde einen Bibelkreis am College gegründet.

Für Charles war es ein fantastisches Jahr, in dem er seinen beiden Leidenschaften frönen konnte. Entweder war er auf dem Spielfeld beim Kricket oder in Kinnys Bibelkreis zu finden. Ihr Vater Edward Studd, der über all dies natürlich informiert wurde, war ein rundum glücklicher Mann – jetzt, wo er wusste, dass seine Söhne auf dem richtigen Weg waren.

Nachdem Kinny an das Trinity College in Cambridge gewechselt war, folgte ihm bald danach George, um ebenfalls dort zu studieren. Charles war jetzt allein in Eton und wurde Kapitän der Kricketmannschaft.

Kricket und andere Sportarten – das war weiterhin sein Lebenselixier. Er meinte, dass das Crosstraining[2] seine Wettkampfleistungen verbessern würde, und seine Schlagtechnik beim Kricket erwies sich als grandios. In dieser Sportart konnte Eton immer auf ihn zählen.

Er lebte, soweit es ging, ein »anständiges Leben«, aber ohne seine Brüder fehlte ihm etwas. Er hatte aufgehört, in den Bibelkreis zu gehen, und die große Freude, die er am Anfang verspürt hatte, ebbte langsam ab. Charles nahm das gar nicht bewusst wahr, da er sich so dem Sport hingab.

---

2 A.d.H.: Das Crosstraining setzt sich aus Elementen des Ausdauer-, Kraft-, Bewegungs-, Koordinations- und Schnelligkeitstrainings zusammen.

Eines Tages im November[3] wurde er zum Direktor der Schule gerufen. Auf dem Gang zwischen dem Klassenzimmer und dem Büro des Direktors murmelte Charles: »Na, das muss ja etwas unglaublich Wichtiges sein, wenn man mich sogar aus dem Lateinunterricht holt.« Es war etwas Wichtiges: Mit ernster Miene eröffnete ihm der Direktor, dass sein Vater gestorben war. Charles war wie vom Blitz getroffen. Sein Vater tot? Was mochte bloß passiert sein? Sein Vater war doch immer ein gesunder und sportlicher Mann gewesen! Als die Kutsche, die ihn nach Hause bringen sollte, endlich Tedworth House erreichte, erzählte ihm seine Mutter gleich die Einzelheiten.

»Gestern Abend waren wir auf dem Weg zu einer Missionsveranstaltung, als dein Vater plötzlich die Kutsche anhalten ließ.« Mutter Studd trocknete sich die Tränen. »Er sagte, dass er vergessen habe, einen der Pferdepfleger zu der Veranstaltung einzuladen. Ich sagte ihm, das wäre sicher in Ordnung, und er könne doch das nächste Mal mitkommen. Aber dein Vater bestand darauf, dass die Kutsche weiterfuhr und er zurück zum Haus ging. Zusammen mit dem Pferdepfleger wollte er sich dann in den Sattel schwingen und zur Versammlung nachkommen. Er kam aber nicht. Das hat mich schon gewundert, und als ich dann nach Hause zurückkam, fand ich ihn, wie er auf der Couch lag. Er war den ganzen Weg zurückgelaufen, und dabei muss ein Blutgefäß in seinem Bein geplatzt sein. Der herbeigerufene Arzt konnte so gut wie nichts mehr tun. Dein Vater starb heute Morgen.«

Charles umarmte seine Mutter, aber er fand keine Worte des Trostes. Er versuchte vergeblich, seine Tränen zu unterdrücken.

Am nächsten Tag war die Beerdigung. In seiner Ansprache betonte der Pfarrer vor den vielen Anwesenden, dass Mr. Studd in den zwei Jahren als Christ mehr für Gott getan habe als die

3 A. d. H.: Es gibt voneinander abweichende Angaben darüber, wann genau Edward Studd gestorben ist. Im Original wird hier der November 1879 genannt, andere seriöse Quellen sprechen von 1877. Aufgrund der Unterschiede wurde die Jahreszahl hier weggelassen.

meisten Christen in zwanzig Jahren. »Da hat er völlig recht«, bestätigte der Kutscher. »Als Mr. Studd religiös wurde, da haben wir das nicht verstanden, und manche haben sich auch ein wenig über ihn lustig gemacht. Denn äußerlich war er ja ganz der Alte, aber dann hat doch jeder mit der Zeit gemerkt, dass Mr. Studd innerlich ein ganz neuer Mensch geworden war.«

Die Familie war sehr froh, dass der Vater ein detailliertes Testament hinterlassen hatte. Mit ihrem 26. Geburtstag sollten die Söhne jeweils ein stattliches Vermögen erben. Kinny, dem Ältesten, fiel dabei das Anwesen zu. Die Mutter hatte lebenslanges Wohnrecht im familieneigenen Haus am Londoner Hyde Park.

Nach einer Woche war Charles wieder in Eton, um sein letztes Jahr dort abzuschließen. Er konnte es immer noch nicht richtig glauben, dass sein Vater tot war. Es war alles so schnell passiert.

Als die Zeit in Eton zu Ende ging, wechselte Charles – wie seine Brüder vor ihm – nach Cambridge ans Trinity College. Sofort wurde sein Kricket-Talent bekannt. Er bekam eine Auszeichnung und wurde gleich Spieler in der zweiten Mannschaft. Im darauffolgenden Jahr wechselte er in die erste Mannschaft, in der seine Brüder Kinny und George spielten. Zu dritt wurden sie ein unschlagbares Team. Charles wurde immer besser und überholte seine Brüder.

Auch 1882 spielten die drei Brüder in der Kricketmannschaft von Cambridge. In diesem Jahr kam die australische Nationalmannschaft zum dritten Mal nach England. Die Australier waren ein sehr starkes Team und gewannen alle Vorrundenspiele.

Bevor das Testspiel Australien – England stattfinden sollte, bat der australische Mannschaftskapitän darum, gegen die Cambridge-Auswahl spielen zu dürfen. Die meisten Leute wie auch der Präsident des Cambridge Cricket Club hielten das für eine grausige Idee. Bisher hatten die Australier jedes Team geschlagen – was um alles in der Welt sollte dann ein Spiel gegen eine Universitätsmannschaft? Kamen die Verantwortlichen der Bitte nach, könnte das eine bittere Niederlage gegen das Team aus der Kolonie Australien[4] bedeuten. Obwohl es nicht viel zu hoffen gab, sagte die Universität zu, und ein Spieltermin wurde festgelegt.

Es war ein klarer und sonniger Montag, als die Mannschaften sich auf dem Spielfeld gegenüberstanden. Die Zuschauermenge war riesig. Die Australier hatten Aufschlag und erzielten zunächst durch ihre Schlagmänner einen Run nach dem anderen. Alles deutete darauf hin, dass die Universitätsmannschaft von den Australiern haushoch geschlagen werden würde.

Doch dann bekam Cambridge den Aufschlag, und Charles war der Mann der Stunde. Zwar schlugen die Australier zunächst fast alle Bälle erfolgreich ins Feld, aber als die Lage immer hoffnungsloser für Cambridge wurde, traf einer der Australier den Ball nicht genau, und einem Cambridge-Mann gelang es, den Ball zu fangen. Der Australier war damit draußen. Und so ging es weiter. Zur Überraschung aller musste ein Australier nach dem anderen wegen eines Schlagfehlers das Feld verlassen.

Nun war das Cambridge-Team wieder dran. Kinny und George hatten den ersten Aufschlag. Kinny schied schließlich aus, und auch zwei anderen Schlagmännern von Cambridge erging es so. Dann war Charles mit dem Aufschlag dran. Nachdem er zusammen mit George am Ende der Pitch[5] in Stellung gegangen war, erzielten die beiden die meisten Runs für Cambridge.

Am nächsten Tag ging der Wettkampf mit deutlich mehr Zuschauern weiter. Das Spiel war schweißtreibend und span-

4 A. d. H.: Erst 1901 bzw. 1907 erlangte Australien die Unabhängigkeit vom Mutterland Großbritannien.

5 A. d. H.: Damit ist der zentrale Teil des Kricketspielfeldes gemeint.

nend, und Kinny und George waren die Spielführer. In der heißen Phase des Wettkampfes war Charles wieder an der Reihe und erzielte einen Run nach dem anderen. Am Ende war das geschehen, womit niemand gerechnet hatte: Die Cambridge-Auswahl hatte die australische Nationalmannschaft geschlagen!

Der Jubel kannte keine Grenzen. Die Leute auf der Straße und in den Pubs ließen die Spielzüge immer wieder Revue passieren, und selbst in dem Standardwerk *Lillywhite's Cricket Record* wurden Charles' Spielkünste auf das Höchste gelobt. Er wurde als ein Mann beschrieben, dessen Technik ausgefeilt und dessen Ausdauer außergewöhnlich war.

Obwohl Charles erst in seinem dritten Jahr in Cambridge war, hatte er sich bereits als außergewöhnliches Kricket-Talent erwiesen – als junger Spieler, der Amateure und Profisportler gleichermaßen hinter sich ließ. Trotzdem war er überrascht und fühlte sich sehr geehrt, als er eine Einladung in die Nationalmannschaft erhielt. Er sollte in einem Testspiel gegen Australien antreten.

Kricket-Experten stuften das damalige Team als eine der besten Mannschaften ein, die England je hatte aufbieten können. 20 000 Besucher waren in das Londoner Oval[6] gekommen, um das Spiel England – Australien anzuschauen. Es war ein erbitterter Kampf, aber am Ende gewannen doch die Australier.

Während die Gäste ausgelassen feierten, senkte sich eine tiefe Trauer über viele englische Fans. Nach dem Spiel druckte die *Sporting Times* eine Todesanzeige für den Kricketsport in England:

---

6 A. d. H.: Es wird auch Oval Cricket Ground genannt und ist eines der bekanntesten Kricketstadien der Welt.

In liebevoller Erinnerung nehmen wir Abschied
vom englischen Kricketsport.
Gestorben im Oval am 29. August 1882.

In tiefer Trauer
Ungezählte Freunde und Verwandte

Ruhe in Frieden.

PS: Die Leiche wird verbrannt und die Asche nach Australien verschifft.

Trotz der sportlichen Niederlage waren Charles' Leistungen in aller Munde. In Cambridge wurde er mit Glückwünschen und Einladungen zu den begehrtesten Festivitäten überhäuft. Und dann geschah endlich, worauf viele lange gehofft hatten: Charles und sein Bruder George wurden im Winter 1882/83 für die Nationalmannschaft nominiert. Sie sollten nach Australien fahren, wo Testspiele auf dem Programm standen.

Charles fuhr zum ersten Mal ins Ausland und genoss jeden Augenblick der langen Seereise. Drei Spiele waren geplant, wovon die Engländer zwei gewannen. Charles hatte maßgeblichen Anteil an ihrem Sieg.

Als die Mannschaft wieder die Heimreise antreten wollte, kam eine Frauengruppe aus Melbourne mit einer kleinen Urne zum Hafen. Vor den Augen aller lehrten die Australierinnen die Urne und zum Vorschein kam … Asche. Feierlich wurde sie dem englischen Mannschaftskapitän überreicht, und eine der Frauen verkündete laut: »Ihr Engländer habt die Asche zurückgewonnen. Aber passt ja auf, denn das nächste Mal werden wir Australier alles tun, um die Asche erneut zu erobern.«

Ein riesiger Jubel und ein Kreischen brachen los, und ein eifriger Zeitungsreporter telegrafierte die Geschichte umgehend nach England. Als das Schiff in London anlegte, wollte die wartende Menschenmenge gleich die zurückeroberte Asche sehen. Das war der Beginn einer langen Tradition – seitdem wurde zwischen England und Australien um den »Besitz der Asche« gekämpft.

Nun war Charles richtig berühmt. Wo immer er auftauchte, wurde er erkannt und um ein Autogramm gebeten. Mit ihm als Mannschaftskapitän wurde das Cambridge-Team wieder Saisonsieger.

Die Fachzeitschrift *Cricketing Annual* lobte seine Verdienste in den höchsten Tönen. Sein Studium schloss er erfolgreich mit dem Bachelor ab. Anschließend reiste er nach London mit dem Ziel, das Leben zu genießen und sich auf die neue Saison in der Nationalmannschaft einzustellen. Charles' Ziel war es, als berühmter und reicher Profispieler in den nächsten Jahren Karriere zu machen. Er ahnte nicht im Leisesten, dass eine schwere Krankheit seinem Leben eine völlig neue Richtung geben sollte.

KAPITEL 4

Die »Cambridge Seven«

»Es tut mir leid, da ist die ärztliche Kunst am Ende; ich weiß mir keinen Rat mehr. Am besten legen Sie ihn einfach bequem hin, ich habe getan, was ich konnte«, sagte der Arzt, als er seine Tasche zuschnappen ließ. Mit leiser Stimme wandte er sich an Mrs. Studd und sagte: »So ein kräftiger junger Mann, aber hier hilft nur noch beten.«

Betreten schaute Charles zur Seite – er wollte seine Mutter nicht weinen sehen. Dabei war ihm selbst elend zumute. Es schien so unfassbar und ungerecht zu sein, dass sein starker und sportlicher Bruder bewusstlos dalag und offenbar sterbenskrank war. George hatte sich eine schwere Lungenentzündung zugezogen, und jetzt ging der Arzt, ohne ihm helfen zu können.

Während der vielen Stunden, die Charles am Krankenbett seines Bruders saß, erinnerte er sich an die gemeinsamen Sternstunden auf dem Kricketfeld. Er dachte daran, wie George und er als Spieler der Universitätsmannschaft dazu beigetragen hatten, Australien zu schlagen; er erinnerte sich an die schöne Schiffsreise und daran, wie sie die Asche zurückgeholt hatten. ›Aber all das hilft George jetzt nichts‹, dachte Charles ernüchtert. ›Was sind all der Ruhm und die Ehre wert? Was bringt es, wenn man sein ganzes Leben lang nach Ruhm und Geld jagt und am Ende vor Gott steht und Rechenschaft geben muss? In diesem Bett könnte genauso gut ich liegen, und George würde mir dann die Stirn abwischen. Was wäre, wenn ich jetzt sterben würde? Wohin würde die Reise gehen?‹

Diese Fragen ließen Charles nicht mehr los. Er war jetzt seit fast sechs Jahren Christ, aber wenn er ehrlich war, musste er zugeben, dass sein Leben sich weiterhin nur um den Kricketsport drehte. Ja, er hatte sein Ziel erreicht. Er war der berühmteste Kricketspieler Englands geworden – aber letztlich war das völlig wertlos. Als er George in seinem Krankenbett röcheln und nach Luft schnappen sah, wurde es ihm endgültig klar: ›Weder Kricket noch menschlicher Ruhm oder irdische Ehre haben bleibenden Wert, ja, eigentlich gibt es gar nichts, was auf der Welt Bestand hat.‹

Am dritten Tag seiner Krankenwache beobachtete Charles, wie George auf einmal die Augen öffnete und leise aufstöhnte. Es war der Beginn einer langsamen und langen Reise vom Rand des Todes ins Leben zurück.

»Danke Gott«, flüsterte Charles unendlich dankbar, »danke, dass du George das Leben noch einmal geschenkt hast.« Als er erfuhr, dass der Prediger Moody wieder nach London kam, nahm Charles sich fest vor, auch diesmal hinzugehen.

Es war ein feuchter Novemberabend im Jahr 1883, als Charles sich ganz hinten in Moodys Versammlung schlich. Noch bevor der Prediger begann, strömten Charles die Tränen über die Wangen. Er neigte seinen Kopf und bat Gott still um Vergebung dafür, dass er sich so sehr von den vergänglichen Dingen dieser Welt hatte gefangen nehmen lassen, anstatt für ewige Werte zu kämpfen.

Am Ende der Veranstaltung spürte Charles ein brennendes Feuer in sich, das ganz anders war als früher. Damals nach dem Gebet mit Mr. Weatherby wollte er keiner Menschenseele von seiner Bekehrung erzählen. Aber dieses Mal glühte sein Herz – er wollte seine geistliche Erfahrung nicht für sich behalten. So traf er sich mit anderen Spielern der englischen Nationalmannschaft und lud sie ein, zu Moodys Predigten zu kommen. Viele kamen wirklich, unter anderem Ivo Bligh, der Mannschaftskapitän, und Allan Steel, sein guter Freund. Beide wurden Christen, was Charles riesig freute und motivierte, noch mehr Leute einzuladen. Im Laufe einer Woche kamen noch weitere Kricket-Kollegen zum Glauben, und bald wurde in der Kricketwelt bekannt, dass Charles Studd jetzt ganz andere Prioritäten hatte.

Die Evangelisationsveranstaltungen mit Moody endeten im Juni 1884, und Charles fragte sich, was als Nächstes für ihn dran war. »Mein Geld reicht locker bis zu meinem 26. Geburtstag, und an diesem Tag erhalte ich mein väterliches Erbe. Das ist so hoch, dass ich für den Rest meines Lebens in Saus und Braus leben könnte. Ich brauche also gar nicht arbeiten«, erklärte Charles das Dilemma seinem Freund. »›Das ist ja toll‹, wirst du denken, aber ich muss immer mehr an die Menschen denken, die jeden Tag zu Tausenden sterben, ohne je das Evangelium von Jesus gehört zu haben. Du siehst, ich muss kein Geld verdienen, und meine besten Jahre liegen – wie es scheint – noch vor mir. Ich will mich für Christus einsetzen, aber er ich habe keine Ahnung, wie.«

Die Antwort kam durch ein Traktat, das ein Freund Charles eines Abends in die Hand drückte. Darin erklärte der Autor – ein Atheist –, wie er leben würde, wenn der christliche Glaube, wie so viele Zeitgenossen es behaupteten, wirklich wahr wäre. Charles begann zu lesen:

> Wenn ich, wie es Millionen von sich behaupten, wirklich davon überzeugt wäre, dass der Glaube einen entscheidenden Einfluss auf das Leben nach dem Tod hat, dann wäre dieser Glaube mein Ein und Alles. Irdische Freuden würde ich für unnütze Schlacke, irdische Sorgen für Dummheiten und irdische Überlegungen und Gefühle für nichts achten. Der Glaube wäre mein erster Gedanke am Morgen und mein letzter am Abend, bevor ich wieder einschlafe. Nur dafür würde ich leben und arbeiten. Nur die Ewigkeit würde mein Handeln auf der Erde bestimmen. Wenn ich nur eine Seele für den Himmel gewinnen könnte, wäre mir das ein Leben voller Leiden wert … Der Maßstab für mein Handeln wäre allein die

> Ewigkeit, und ich wäre einzig bestrebt, nach den unsterblichen Seelen um mich herum auszuschauen, die bald auf ewig in der Herrlichkeit oder in der Verdammnis wären. Ich würde es in die ganze Welt hinausrufen, ob es gerade passt oder nicht, und meine Botschaft wäre: WAS HILFT ES DEM MENSCHEN, WENN ER DIE GANZE WELT GEWINNT UND DABEI SEINE SEELE VERLIERT?

Obwohl das Traktat dazu gedacht war, Christen zu kritisieren und ihre weitgehende Untätigkeit angesichts der geistlichen Not zu brandmarken, bewirkte es bei Charles das Gegenteil. Was da geschrieben stand, stimmte. Er wollte aktiv werden! Bisher hatte er immer nur daran gedacht, in England Gottes Wort zu predigen und zu lehren, aber jetzt hatte er den Eindruck, er sollte ins Ausland gehen. Die Frage war nur: Wohin?

Es war Samstag, der 1. November 1884, als ihn sein Freund Stanley Smith, ein preisgekrönter Ruderer der Universität Cambridge, zu einer Veranstaltung der China-Inland-Mission einlud, die in der Londoner Zentrale der Mission in der Pryland Road stattfinden sollte. Stanley und zwei weitere Freunde, Dixon Hoste und William Cassels, waren von der Missionsgesellschaft bereits als Missionare angenommen worden und wollten noch vor Weihnachten nach Schanghai aufbrechen. Dixon gab eine vielversprechende Karriere in der Armee auf und wollte Missionar werden. William hatte sich kurz nach seinem Abschluss in Cambridge bekehrt und war dann Pastor in einem heruntergekommenen Slum im Londoner Stadtteil South Lambeth geworden.

Der Redner des Abends war ein Missionar, der bereits am nächsten Tag nach China zurückkehren wollte. Er hieß John McCarthy. Charles war zutiefst von seinen Erzählungen berührt. Eindrücklich beschrieb John die Reisen zu Fuß quer durch China – von Wuhan im Osten bis nach Burma im Südwesten. Er sprach von den Tausenden, die jeden Tag verlorengingen, ohne je etwas von Jesus Christus gehört zu haben.

Am Ende des Abends hatte Charles den Eindruck, dass er selbst nach China gehen sollte, aber er wollte diesen Entschluss erst einmal für sich behalten. ›Die Leute sollten nicht denken, dass ich emotional aufgeputscht bin und deshalb eine vorschnelle Entscheidung getroffen habe‹, dachte er. ›Und dann ist da noch Mutter. Als Witwe muss sich jemand um sie kümmern, und vermutlich wird sie nicht sehr begeistert sein.‹ Obwohl der Glaube an Jesus das Leben der Familie Studd neu gemacht hatte, ging Charles nämlich davon aus, dass seine Mutter einer Ausreise nach China nicht zustimmen würde.

Die nächsten zwei Wochen betete er intensiver als je zuvor. Am Ende dieser Zeit war er mehr denn je davon überzeugt, dass Gott ihn zum Dienst in China berufen hatte. Eines Abends suchte er seine Mutter auf und brachte ihr seine Missionspläne so schonend wie möglich bei.

Es kam so, wie Charles es erwartet hatte: Seine Mutter war hell entsetzt. Sein Onkel beschuldigte ihn, das Herz seiner Mutter mit diesem unnützen Blödsinn zu brechen. Andere Familienmitglieder baten ihn inständig, sein Leben nicht wegzuwerfen. Sie setzten sogar andere Christen auf ihn an, um ihm zu verdeutlichen, wie viel Not es auch in England zu lindern gab. Selbst Kinny versuchte, Charles die Idee vom Chinamissionar auszureden. Die ganze Familie war in offener Ablehnung gegen seine Pläne. Charles vermied es schließlich, aus seinem Schlafzimmer nach unten ins Wohnzimmer zu gehen, weil dort jemand weinen oder versuchen würde, ihn umzustimmen.

Eines Abends wurde Charles alles zu viel. Kinnys Frage, ob er wohl stolz darauf sei, dass Herz seiner Mutter zu brechen, brachte das Fass zum Überlaufen. »Nein, ich will weder meiner verwitweten Mutter das Herz brechen noch Zwist in die Familie bringen«, stieß Charles als Antwort hervor.

»Kinny, ich bin kein Sturkopf. Ich will nur das tun, was Gott von mir will. Wäre es in Ordnung, wenn wir jetzt zusammen beten?«

Die Brüder beteten, aber keiner von beiden änderte daraufhin seine Meinung.

In dieser Nacht lag Charles lange wach und bat Gott um seinen Frieden. Im Gebet wurden ihm die Worte wichtig: »Fordere von mir, und ich will dir die Nationen zum Erbteil geben und die Enden der Erde zum Besitztum.« Das war die Antwort. Mehr brauchte er nicht. Am nächsten Morgen stand er mit der Gewissheit auf, dass Gott es war, der ihn nach China gerufen hatte. Vor dieser Sicherheit verblich alles andere. Er war fest entschlossen, für die Ewigkeit zu leben – egal, welche Folgen das in familiärer Hinsicht mit sich bringen oder wie dies in der Öffentlichkeit aufgenommen werden würde.

Jetzt, wo die Entscheidung gefallen war, besuchte Charles den Gründer und Direktor der China-Inland-Mission, Hudson Taylor, der sich gerade in London aufhielt. Der war mit seinen 52 Jahren schon eine Missionslegende. Er hatte nicht aufgegeben, obwohl er seine erste Frau und zwei Kinder in China hatte begraben müssen. Regelmäßig reiste er ins Landesinnere und baute eine Mission zur Evangelisierung der unerreichten Städte und Dörfer auf.

Charles mochte Hudson Taylor vom ersten Augenblick an. Er war ziemlich direkt und kam gleich auf den Punkt. Er konnte Charles nur Schwierigkeiten und Entbehrungen versprechen, aber er erzählte ihm auch von dem großen Segen, wenn Menschen zum ersten Mal den Namen Jesus Christus und davon hörten, wie sie gerettet werden konnten. Als Charles ihm von seinem Ruf nach China erzählte, war Taylor hocherfreut. Im weiteren Verlauf des Gesprächs ging es darum, wie Charles seine Berühmtheit in England bis zur Ausreise dazu gebrauchen konnte, andere junge Männer zu bewegen, sich von der geistlichen Not in China herausfordern zu lassen. Infolgedessen beschloss Taylor, die Ausreise der drei Missionskandidaten – Stanley Smith, Dixon Hoste und William Cassels – zu verschieben. Diese sollten Charles auf einer Abschiedstour mit Veranstaltungen an vielen britischen Universitäten begleiten.

Es dauerte nicht lange, da kam eine weitere Person dazu. Montagu Beauchamp, der Sohn eines Barons, gehörte seit Langem zum Freundeskreis der Familie Studd. Seine Schwester und Kinny Studd hatten gerade ihre Verlobung bekannt gegeben. Monty, wie er von allen genannt wurde, hatte wie Charles in Cambridge seinen Abschluss gemacht und ließ sich durch dessen Entscheidung motivieren, ebenfalls nach China zu gehen. Die Beauchamps waren Unterstützer der China-Inland-Mission, aber Monty hatte vor dem Bekanntwerden von Charles' Plänen noch nie daran gedacht, selbst Missionar zu werden. Er sagte Charles, wie sehr dieser Gedanke ihn gepackt hatte, und schloss sich der Gruppe an.

Charles war sehr glücklich darüber, dass sein Entschluss, Missionar zu werden, bereits Auswirkungen auf andere hatte. Die Ermutigung brauchte er, denn anders als beim Kricket war Charles bei den öffentlichen Versammlungen kein Held. Er war oft nervös und nuschelte. Es war die Praxis, auf die er sich freute. Er brannte darauf, mit einem Team von jungen Männern nun bald nach China aufzubrechen. Gleichzeitig betete er weiter, dass seine Mutter und die Familie dazu Ja sagen würden.

Kaum waren einige Tage seit dem Gespräch mit Hudson Taylor vergangen, organisierte die China-Inland-Mission (CIM) eine Reihe von Veranstaltungen in Cambridge, bei denen Charles, Stanley, Dixon, William und Montagu auftreten sollten. Die Nachricht, dass der weltberühmte Kricketspieler und Cambridge-Absolvent nach China ausreisen wollte und seiner bisherigen Universität einen Besuch abstattete, sorgte für gehörige Aufregung auf dem Campus. Hunderte kamen und wollten hören, was ihn zu dieser Entscheidung bewogen hatte.

Charles erklärte es ihnen ohne Umschweife und so einfach wie möglich. Am Ende seiner Rede lud er jeden, der sein Leben Christus geben oder in die Mission gehen wollte, ein, nach vorn zu kommen. Er rechnete nur mit einer geringen Resonanz, weil junge Leute so etwas vor Gleichaltrigen (und noch dazu vor vielen Bekannten und Freunden) seiner Meinung nach nicht gern tun würden. Aber er irrte sich. Es gab einen Ansturm auf die Bühne. Einer von ihnen war Arthur Polhill-Turner, sein langjähriger und enger Freund. »Charles, ich bin mir ganz sicher, dass Gott mich und auch meinen Bruder Cecil nach China gerufen hat!«

Arthur und Cecil besuchten daher Hudson Taylor, und kurz darauf begannen sieben junge Männer mit ihren Vorbereitungen für die Ausreise nach China. Und weil sie bis auf Dixon Hoste alle Cambridge-Absolventen waren, bezeichnete die Presse sie einfach als die »Cambridge Seven«. Sie berichtete über jeden Schritt, den sie unternahmen.

Die Gruppe setzte ihre Abschiedstour fort. Im Norden kamen sie bis nach Edinburgh. Überall, wo sie auftraten, erregten sie Aufsehen. Tausende Zuhörer kamen und hörten sich an, warum diese sieben jungen Männer, die alle Möglichkeiten dieser Welt hatten, »alles wegwarfen«, um Missionare auf der anderen Seite des Erdballs zu werden.

Zwischen den Veranstaltungen brachte Charles jeweils einige Zeilen an seine Mutter zu Papier, indem er von dieser ungewöhnlichen Abschiedstour berichtete. In einem seiner Briefe schrieb er: »Liebe Mutter, es war eine unglaubliche Veranstaltung, wie es sie hier noch nicht gegeben hat. Die Halle war rappelvoll, und zur Nachveranstaltung blieben sehr viele zurück. Es war, als ob eine Ladung Dynamit explodiert wäre.«

Auch in Liverpool zückte er seinen Füllfederhalter und ging daran, einen Brief an seine Mutter zu schreiben. »Fantastische Neuigkeiten«, begann er. »Das Feuer brennt immer noch, und über sechzig Leute bekehrten sich an einem Abend. Es ist unbegreiflich, wie sehr der Herr uns hier gesegnet hat ... wie hat sich mein Leben verändert! Kricketspiele, das Schlagen von Bällen und Jagdausflüge sind nichts gegenüber dieser überschwänglichen Freude, wenn ein Mensch zu Jesus findet. Wenn ich die Not dieser Welt – unter den Heiden in China, aber auch unter den Armen in London und all den anderen Großstädten – sehe, denke ich mit zunehmendem Abscheu an meinen früheren, luxuriösen Lebensstil mit vollen Kleiderschränken und vielen Anzügen, während Tausende verhungern und vor Kälte zugrunde gehen.«

Charles setzte den Füllfederhalter ab und dachte für einen Moment an all die Nöte der Menschen, mit denen er seit Beginn der Rundreise zu tun hatte. Früher hatte er außer mit den Hausangestellten kaum mit einfachen Arbeitern gesprochen. Jetzt hatte er ehrliches Mitleid mit den vielen Menschen in bitterer Armut und Hoffnungslosigkeit. Er schrieb weiter: »Wenn ich wieder nach Hause komme, wird alles verkauft. Liebe Mutter, möge Gott Dir zeigen, was für ein Vorrecht es ist, einen Sohn freizugeben, damit er sich von Gott gebrauchen lässt – einen Sohn, der armen Sündern den Namen Jesus bringt. Gott segne Dich, meine liebe Mutter. Und ich weiß, er wird es tun und Deinen Schmerz in Freude verwandeln.«

Die etwa zweimonatige Tour sollte mit drei großen, von der China-Inland-Mission organisierten Veranstaltungen in Cambridge, Oxford und London abschließen. Am 2. Februar 1885 fand die Versammlung in Cambridge statt. Noch vor dem Beginn um 19.30 Uhr war die große Guildhall mit 1200 Zuhörern überfüllt. Die Menschen standen im Orchestergraben und auf der Empore. Charles' ehemaliger Professor Babington eröffnete die Veranstaltung und begrüßte die Anwesenden. Und dann erhoben sich alle sieben – einer nach dem anderen – und ergriffen auf der Bühne das Wort. Es waren nur noch drei Tage bis zur Abfahrt des

Schiffes nach China, und man hätte eine Stecknadel fallen hören können.

Stanley Smith sprach als Erster: »Die Liebe Christi drängt uns, in die Welt hinauszugehen«, begann er. »Nur wenn wir sein Licht in die Welt hinaustragen, können wir hier in England gegen die Mächte der Finsternis bestehen.«

Die Menge jubelte laut.

Als Charles an der Reihe war, erhob er sich, ging zum Podium, schaute in das Meer der Gesichter und begann: »Ich kann euch nur meinem Herrn anbefehlen. Bisher habe ich ein Leben in Reichtum und Wohlstand gelebt und kenne die meisten Freuden, die diese Welt zu bieten hat. Aber ganz ehrlich, all das kann mit meiner jetzigen Freude nicht mithalten. Früher habe ich Kricket mehr als alles auf der Welt geliebt, aber als Jesus in mein Leben kam, habe ich etwas unbeschreiblich Besseres kennengelernt. Ich will mich nicht länger dem Kricket verschreiben, sondern von nun an Seelen gewinnen. Ich will Gott dienen und ihm gefallen.«

An diesem Abend sowie in der nächsten Veranstaltung in Oxford kamen Hunderte nach vorn.

Am Mittwoch, dem 4. Februar, fand schließlich die Abschlussversammlung in der Exeter Hall in London statt. Sie war die größte ihrer Art, und wieder erzählten die Sieben, was sie bewog, nach China auszureisen, und was ihnen Gott bedeutete. Charles war der Letzte an diesem Abend und forderte seine Hörer heraus: »Lebt ihr für das Heute oder für die Ewigkeit? Schert ihr euch um die Meinung der Leute oder darum, was Gott über euch denkt? Was die Menschen denken, hilft uns nicht, wenn wir vor dem Richterstuhl Gottes stehen. Aber was Gott denkt, das wird in diesem Moment unglaublich wichtig sein. Darum lasst uns Gottes Wort hören und ihm bedingungslos gehorchen.«

Den Rest des Abends verbrachte Charles in der Stadtvilla am Hyde Park. Etwa acht Jahre war es her, seit er und seine Brüder nach jener denkwürdigen Versammlung von Dwight Moody mit ihrem Vater hier zu Abend gegessen hatten. Was war nicht alles inzwischen passiert! Was würde wohl sein Vater dazu sagen? Würde er einer Ausreise seines Sohnes als Missionar nach China zustimmen? ›Mit Sicherheit‹, dachte Charles erfreut, und gleichzeitig seufzte er, ›aber ob Mutter je ein Ja zu diesem Weg finden wird?‹

In dieser letzten Nacht in England schlief Charles sehr schlecht. Er drehte sich von einer Seite auf die andere. Erinnerungen und Fragen verfolgten ihn. Es war eine Sache, über die Christusnachfolge und die Aufgabe aller Annehmlichkeiten zu reden, aber eine andere, dies wirklich zu tun. Wie würde es werden, so allein in einem fremden Land, wenn man friert, hungrig ist, Heimweh hat und sich nach seinen Lieben sehnt? Würde er dann seinen Entschluss bereuen? »Hoffentlich nicht«, betete er, aber wirklich wissen konnte es keiner. Man musste abwarten. Die Zeit würde es zeigen.

KAPITEL 5

Endlich China

Der laute Jubel einer großen Menschenmenge erfüllte Victoria Station, einen der Londoner Bahnhöfe, als der Abfahrtspfiff ertönte und eine Dampfwolke die Menschen einhüllte.

Im Zug saß Charles. Er reckte seinen Hals, um unter den Winkenden seine Familie ein letztes Mal sehen zu können. Sein Herz wurde warm, als er endlich seine 17-jährige Schwester Dora in einem hellblauen Kleid entdeckte. »Gott segne und behüte euch«, murmelte er, als er seinen Angehörigen zuwinkte, und das war der Abschied für eine längere Zeit.

Der frisch verheiratete Kinny, seine Frau und seine Schwiegermutter, Lady Beauchamp, waren ebenfalls eingestiegen. Sie begleiteten die »Cambridge Seven« nach Dover und bei der Überfahrt über den Ärmelkanal. Im französischen Calais sollten die angehenden Missionare ein Schiff nehmen, das Richtung Orient ablegen würde.

Nachdem sie Calais erreicht hatten, bezogen die »Cambridge Seven« auf dem Schiff ihre Kabinen zweiter Klasse und trafen sich erst einmal zum Beten und Singen. Unter den anderen Passagieren wurde getuschelt: »Hast du das gesehen? Edelmänner aus den besten Häusern Englands, und sie fahren zweite Klasse!« »Schämen sollten sie sich«, regten sich die einen auf; andere fanden, dass es auch etwas für sich hatte. Charles war das Gerede egal, er fand die Entscheidung, zweite Klasse zu fahren, sehr gut, denn er wusste, dass in China ein noch viel primitiveres Leben auf sie wartete.

Noch war China nicht erreicht. Erst machte das Schiff Zwischenstopp im italienischen Brindisi und im ägyptischen

Alexandria. Nach der Durchquerung des Suezkanals ging es über Colombo (Ceylon) weiter nach Penang (Malaysia), dann nach Singapur und schließlich nach Hongkong. Und jedes Mal, wenn das Schiff einen Hafen anlief, gingen die enthusiastischen jungen Leute von Bord und hielten ohne große Vorankündigungen Freiluftpredigten und Versammlungen. Zu den Ersten, die sich durch die Sieben bekehrten, gehörte der Kapitän des Schiffes, und er bat schließlich die jungen Männer, Andachten auf Deck zu halten.

Nach sechswöchiger Seereise kamen die »Cambridge Seven« am 18. März 1885 in Schanghai an. »Schau mal, der Chinese da«, machte Monty die anderen aufmerksam, als sie die Landungsbrücke heruntergingen. »Der winkt uns doch zu, oder irre ich mich?«

Als sie festen Boden unter den Füßen hatten, kam der Mann auf sie zugelaufen und rief ihnen in bestem Englisch »Welcome to China!« zu.

Erst als der Mann direkt vor ihnen stand, erkannte Charles ihn. Es war Hudson Taylor! Wie alle Chinesen trug er einen Umhang mit weiten Ärmeln und einen Zopf. Charles war schockiert darüber, wie chinesisch dieser Engländer aussah. Er kannte zwar die Regel der China-Inland-Mission (CIM), dass ihre Missionare sich ganz wie Einheimische kleiden sollten, aber etwas zu wissen und etwas mit eigenen Augen zu sehen, war eben doch ein Unterschied.

Taylor lotste die Sieben durch den Zoll, bevor sie sich ins Gästehaus der CIM in Schanghai begaben. »Also, als Allererstes müsst ihr Chinesisch lernen«, redete er munter auf die Männer ein, »und natürlich müsst ihr euch die Haare lang wachsen lassen. Wenn dann der richtige Zeitpunkt gekommen ist, werdet ihr auf Missionsreise gehen.«

Schanghai war mit seinem Vertragshafen und Tausenden von Europäern eines der großen Tore nach China. Hudson Taylor ergriff die Gelegenheit beim Schopf und mietete die Temperance Hall, die größte Halle der Stadt. Hier wollte er seinen Landsleuten die berühmten »Cambridge Seven« vorstellen, die als neue CIM-Missionare gekommen waren.

Und nun wiederholte sich, was auch schon bei den Verabschiedungsveranstaltungen in England geschehen war: Viele Menschen bekehrten sich und wurden herausgefordert, das Evangelium weiterzusagen. Trotz dieses Erfolgs wollte Charles nicht zuerst die Engländer im Ausland, sondern die Chinesen mit dem Evangelium erreichen. Ihretwegen war er gekommen.

Wenn da nur nicht diese chinesische Sprache wäre! Das Sprachstudium ging nur schleppend voran. Charles erging es dabei wie Arthur Polhill-Turner und dessen Bruder Cecil: Sie taten sich schwerer als die anderen. Zum Glück hatten sie im Sport Selbstdisziplin entwickelt, und diese half ihnen durchzuhalten. Als sie sich auf den Weg zu den ersten Missionsstationen machten, atmeten sie erleichtert auf.

Jetzt musste auch ihre Kleidung chinesisch werden. Charles krümmte sich vor Lachen, als Monty und Stanley sich ihre Schnurrbärte und den Vorderteil ihrer Haarpracht abrasierten. Was dann noch übrig blieb, wurde zu einem Zopf nach hinten zusammengeflochten. »Jetzt seht ihr schon richtig chinesisch aus!«, lobte Charles. Die Tatsache, dass Monty, Stanley und Charles einen Kopf größer als jeder Chinese waren, blieb dabei unerwähnt.

Doch gerade ihre Körpergröße wurde zum Problem. Als der erste Schuhmacher Charles' Füße sah, ergriff er entsetzt die Flucht, weil er solche Füße noch nicht gesehen hatte. Nie zuvor hatte er Schuhe für solche »Riesenfüße« anfertigen müssen. Ein zweiter Schuhmacher war bereits vorsorglich »gewarnt« worden, was für ein schwieriger Auftrag da auf ihn wartete. Er nahm ihn nur an, nachdem er einen sehr guten Lohn für seine Mühen ausgehandelt hatte. Schließlich bekam Charles seine neuen Schuhe, aber die Kunde von seinen großen Füßen machte in der Stadt schnell die Runde, und immer, wenn er außer Haus ging, zeigten die Leute auf seine Schuhe und kicherten.

Charles bewegten ganz andere Dinge als diese Äußerlichkeiten. Es wurde Zeit, sich in zwei Gruppen aufzuteilen und Richtung Inland loszuziehen. Stanley, Dixon und William sollten sich nordwärts auf den Weg machen, um die Provinz Shanxi zu erreichen, während die Polhill-Turners und Charles zunächst nach Westen und dann nach Nordwesten in Richtung Hanzhong (Hanchung) zogen. Monty war krank geworden und musste in Schanghai das Bett hüten.

Am 4. April 1885 begann die Reise. Per Dampfschiff ging es zunächst etwa 1100 Kilometer den Jangtsekiang hinauf. Charles verbrachte die viertägige Schiffsreise überwiegend an Deck und bestaunte die faszinierende Landschaft. Er sah unzählige kleine Dörfer am Flussufer und überall Fischer- und Fährboote, die Passagiere ans andere Ufer brachten. Und dann gab es Boote, die Getreide und Reis für den Markt in Schanghai geladen hatten und flussabwärts unterwegs waren.

Da das Dampfschiff nur bis Hankow[7] fuhr, mussten die drei Missionare dort ihr Gepäck auf eine Dschunke umladen. Von hier aus fuhren sie die restlichen 1800 Kilometer den Han-Fluss bis nach Hanzhong hinauf. Als Charles sein Gepäck einräumte, musterte er eingehend die neue »Wohnung« für die Zeit der Weiterfahrt. Es gab genau drei Kabinen an Bord, die je 1,80 Meter breit und 2,10 Meter lang waren. Die erste Kabine war für Charles und die Polhill-Turners bestimmt, Kabine Nummer zwei bewohnte der Kapitän, und in der dritten war der chinesische Sprachlehrer untergebracht. »Na, dann rein in die Sardinenbüchse«, fasste Arthur die Situation knapp zusammen.

7 A. d. H.: Hankow gehört heute zum Stadtgebiet der zentralchinesischen Metropole Wuhan.

Zum ersten Mal waren die drei Missionare allein unter Chinesen, und das war aus Charles' Sicht durchaus gewöhnungsbedürftig. Ständig wurden sie von allen möglichen Leuten angestarrt und angefasst. ›Sie haben vermutlich noch nie einen Weißen gesehen‹, dachte Charles, und so störte ihn das Verhalten zuerst nicht sehr. Aber mit der Zeit ging es ihm gehörig auf die Nerven. »Ständig stehe ich im Mittelpunkt, fortwährend spricht mich jemand an. Und ich stehe nur da und kann keine der Fragen beantworten«, schrieb er in sein Tagebuch. Darüber hinaus gab es noch ein weiteres Problem: Auf der Dschunke war es mit den Ratten ziemlich schlimm. Sie knabberten alles an und verwendeten die Socken der Männer, um ihre Nester zu bauen. »Wir müssen doch irgendetwas haben, womit wir Fallen bauen können«, beklagte sich Cecil, während er das Gepäck durchsuchte. Am Ende entschieden sich die drei Missionare für eine andere Methode: Sie baten Gott um Befreiung von dieser Plage. Erstaunlicherweise hatten sie danach keine Schwierigkeiten mehr mit diesen Quälgeistern.

Diese praktische Gebetserhörung brachte Charles auf eine weitere Idee. Vielleicht konnte Gott ja ihr anderes großes Problem genauso schnell lösen, nämlich das Erlernen der chinesischen Sprache. ›Ich werde Gott bitten, mir die chinesische Sprache einfach so zu schenken, sodass mir das zeitraubende Lernen der Vokabeln und der Grammatik erspart bleibt‹, dachte er, und dieser Gedanke gefiel Charles je länger, je besser. Auch Cecil und Arthur fanden diese Idee großartig, denn schließlich war Gott ja ein Gott, der Wunder tut.

Gesagt getan. Während also die Dschunke den Han-Fluss hinaufsegelte, legten die Missionare ihre Schulbücher beiseite und beteten ernsthaft, dass Gott ihnen das Chinesisch »einfach so« im Schlaf schenkte. Jeden Morgen erwartete Charles, dass nun sein Kopf voller chinesischer Worte war, aber das war nicht der Fall. Trotzdem beteten und glaubten die drei weiter.

Nachdem sie endlich in Hanzhong angekommen waren, konnten sie ihre »stickige Sardinenbüchse« verlassen. Jetzt sollte es zu Fuß nach Norden bis zur Stadt Pingyang-fu gehen. Dort wollten sie Hudson Taylor treffen. Obwohl sie beschlossen hatten, keinen weiteren Unterricht zu nehmen, wurden sie von ihrem Sprachlehrer und zwei Gepäckträgern begleitet.

Das Ziel war immer noch weit entfernt, und Charles entwickelte seinen speziellen Tagesrhythmus während der Reise. Normalerweise wachte er um 2 Uhr morgens auf und las dann bei Kerzenlicht seine Bibel bis 3.30 Uhr. Anschließend stand er auf, packte seine Habseligkeiten in die Reisetasche, und um 4.00 Uhr war er mit den anderen bereits unterwegs. Nachdem sie etwa 15 Kilometer hinter sich gebracht hatten, hielten sie am Wegesrand an, um ein Frühstück mit Reis und Suppe einzunehmen. Dann ging es bis zum Mittagessen weiter. Erst bei Sonnenuntergang hörten sie auf zu laufen, um sich zur Nacht zu lagern. Ihr Tagespensum betrug meist etwa 50 Kilometer. Aber schon bald wurde das Marschieren für Charles zur Qual. Seine Schuhe waren völlig durchgelaufen, und er musste barfuß weitergehen. Während er mit geschwollenen und entzündeten Füßen tapfer weiterlief, hatte er die Stimme seiner Mutter aus Kindheitstagen im Ohr: »Charles, dass du mir nicht ohne Schuhe und Strümpfe herumläufst, hörst du! Hornhaut an den Füßen gehört sich nicht für einen Jungen wie dich.« Ja, nun waren seine Füße also weicher und zarter als die der anderen, und obwohl seine Füße vor Schmerz pochten, wollte er das Schritttempo nicht zurücknehmen. Sie hatten einen Termin mit Hudson Taylor vereinbart, und Charles würde nicht zulassen, dass er platzte, auch wenn seine Füße blutig und mit Blasen übersät waren.

Endlich am 3. November erreichten sie Pingyang-fu. Von Schanghai bis dorthin waren sie volle sieben Monate unterwegs gewesen. Aber als sie ankamen, waren sie braun gebrannt und abgehärtet.

Taylor hatte seine Kollegen schon sehnsüchtig erwartet, und seine erste Frage war: »Wie steht es mit eurem Chinesisch?«

»Also, na ja«, stotterte Charles peinlich berührt, »um ehrlich zu sein, wir haben das mühsame Sprachstudium in der Hoffnung auf ein Sprachwunder aufgegeben.«

Taylor nickte nachdenklich und entgegnete dann: »Selbst wenn ich euch die chinesische Sprache mit einem Finger ins Gehirn schnippen könnte, würde ich es nicht tun, denn nur dadurch, dass ihr einem chinesischen Lehrer demütig zuhört und von ihm lernt, könnt ihr euch die Sprache und vor allem die Kultur der Menschen aneignen, die ihr mit dem Evangelium erreichen wollt.«

Charles musste zugeben, dass sein frommes Gebet ein Fehler gewesen war. Von da an kniete er sich wieder ganz in die Aufgabe, sich chinesische Grammatik und Vokabeln anzueignen. Und Hudson Taylor übertrug ihm eine Aufgabe, die das sehr beschleunigen sollte.

Es gab eine Missionsstation in der Stadt Chin-Wu, die geschlossen werden sollte, weil keiner mehr da war. Dort sollte er seinen Dienst beginnen, und als einziger Ausländer weit und breit blieb ihm gar nichts anderes übrig, als die Sprache zu lernen, um sich einigermaßen verständigen zu können.

Eines Tages las Charles das Datum: 2. Dezember 1885. Da fiel ihm plötzlich ein, dass dies sein Geburtstag war, aber leider war niemand da, mit dem er hätte feiern können. Weihnachten und Neujahr kamen und gingen, und langsam begann er, sich bei den Menschen in Chin-Wu heimisch zu fühlen. Verbissen kniete er sich in die Aufgabe, die fremde Sprache zu lernen, sodass er schon bald seinem Koch die Bibel auf Chinesisch vorlesen konnte.

Trotz der ermutigenden Fortschritte sehnte sich Charles immer mal wieder nach seinen Landsleuten und war froh über die Einladung zu einer Missionskonferenz, die im Juli 1886 in Taiyuan, der Hauptstadt der Provinz Shanxi, stattfinden sollte. Insbesondere freute er sich auf ein Wiedersehen mit seinen Kollegen Stanley, William, Dixon und Monty.

Charles kam gerade recht. William war schwer an Pocken erkrankt, und die chinesischen Hausangestellten kümmerten sich nur halbherzig um den »weißen Teufel«. Spontan übernahmen Charles und Monty die Pflege und wechselten sich beim Konferenzbesuch ab. Auf diese Weise konnten beide Hudson Taylor und dessen Sohn Herbert auf der Konferenz sprechen hören. Und William ging es zum Glück auch bald wieder besser.

Nach der Konferenz war geplant, dass Charles zusammen mit Hudson Taylor Missionare der CIM in Chongqing[8] (Provinz Sichuan) besuchen sollte. Unmittelbar vor ihrem Aufbruch erfuhren sie jedoch, dass dort Unruhen ausgebrochen waren und alle Ausländer die Stadt verlassen mussten. »Natürlich gehe ich trotzdem«, verkündete Charles und zog los, um die Missionsstation in Chongqing wiederzueröffnen. Man hatte vereinbart, dass John Phelps, ein anderer Missionar, ihn begleiten sollte.

Die Reise nach Chongqing hatte es in sich, denn aufgrund der Unruhen wollte kein Gasthaus die »fremden Teufel« aufnehmen. Mehr als eine Nacht verbrachten Charles und sein Reisebegleiter John in einem Schweinestall inmitten quiekender Gesellschaft. Als sie schließlich die verbotene Stadt erreichten, mussten sie sich im Schutz der Dunkelheit heimlich an den Wachen vorbeischleichen.

Bald stellten Charles und John fest, dass Mr. Bourne, der britische Konsul, der einzige verbliebene Europäer in der Stadt war.

8 A. d. H.: Die Schreibweise mancher chinesischer Orts- und Eigennamen variiert je nach Quelle. Im vorliegenden Buch wird in der Regel jene Namensform verwendet, die in deutschsprachigen Veröffentlichungen und Internet-Quellen benutzt wird (also hier z. B. Chongqing statt Tschungking). Gelegentlich wird bei der Ersterwähnung die sonst ebenfalls übliche Variante in Klammern eingefügt.

»Wie um alles in der Welt sind Sie hier hineingekommen?«, fragte er sichtlich erstaunt, als er die beiden erblickte. »Alle Europäer, die während der Unruhen nicht ums Leben kamen, wurden gezwungen, die Stadt zu verlassen. Nur ich, der britische Konsul, durfte bleiben.«

»Wir haben uns bei Nacht hineingeschlichen«, grinste Charles, »um die Missionsstation wiederzueröffnen.«

»Nein, meine Herren, es tut mir leid, aber das ist unmöglich. Außer mir kann derzeit kein Ausländer hier bleiben. Ich könnte Ihnen einen Pass ausstellen, damit Sie unbehelligt auf dem Fluss[9] weiterreisen können, aber Sie müssen die Stadt umgehend verlassen«, entgegnete Mr. Bourne.

»Das mag wohl sein, aber Gott hat uns lebend hierhergebracht, weil er uns genau hier haben will. Wir bleiben.« Charles blieb hart.

Der Konsul schnappte nach Luft: »Mr. Studd, Sie sind ein sehr sturer Mann, aber gut, ich habe noch ein winziges Kämmerchen in meinem Haus. Da passt aber nur einer von Ihnen hinein, der andere muss gehen.« Der Konsul musterte beide Männer genau und entschied »Mr. Studd, Sie bleiben hier.«

Charles verabschiedete sich von seinem Kameraden John, bezog sein kleines Zimmer und war fest entschlossen, chinesische Christen vor Ort zu finden. Er wollte sich mit ihnen treffen, um sie in ihrem Glauben zu stärken.

Die Zeit in Chongqing flog dahin. Eines Morgens befand sich in der Post überraschenderweise ein dicker Umschlag mit Dokumenten des Bankhauses Coutts and Co. und der Anwaltskanzlei der Familie Studd. Als Charles den Umschlag aufriss, bemerkte er, dass er vor zwei Wochen seinen 26. Geburtstag wieder vergessen hatte. An dem Tag war ihm das Erbe seines Vaters überschrieben worden. Der Umschlag enthielt Kopien

9 A. d. H.: Gemeint ist der Jangtsekiang, an dessen Ufern Chongqing liegt.

von Aktien und Bankauszügen. Sie betrafen Vermögenswerte, die jetzt sein Eigen waren.

Schnell rechnete Charles die Summen zusammen: Er war Erbe eines beträchtlichen Vermögens geworden.[10] ›So viel Geld‹, dachte Charles. ›Das reicht aus, um bis an mein Lebensende ohne Arbeit herrlich und in Freuden zu leben. Aber genau das will ich nicht.‹ Schon seit zwei Jahren war in ihm der Entschluss gereift, das Geld für das Werk des Herrn zu geben. Für ihn war es eine Führung Gottes, dass er gerade jetzt in Chongqing beim Konsul wohnte, um die notwendige Beglaubigung erhalten zu können. Mit der entsprechenden Unterschrift konnte sein Bruder Kinny in England alles Nötige veranlassen.

Noch am gleichen Tag suchte Charles Mr. Bourne auf. Er klopfte an die Tür des Büros des Konsuls.

»Herein, mein Lieber, was kann ich für Sie tun«, erschallte es von innen.

Charles kam gleich auf den Punkt: »Diese Dokumente waren heute Morgen in der Post. Ich weiß, es klingt komisch, aber ich hatte fast vergessen, dass ich geerbt habe. Könnten Sie bitte ein Schreiben aufsetzen und es beglaubigen, damit mein Bruder die Vollmacht erhält, das Geld in meinem Namen an christliche Organisationen zu verschenken?«

Charles sah, wie Mr. Bourne weiß im Gesicht wurde. Der Konsul rang nach Worten und stotterte schließlich: »Jetzt warten Sie mal, es handelt sich doch um riesige Geldsummen. Ihr Vater war doch ein steinreicher Mann.«

»Ja, das ist richtig«, stimmte Charles zu, »aber zwei Jahre vor seinem Tod fand er zu Jesus Christus, und was ich jetzt tun will, fände er sicher gut. Aber noch wichtiger ist, mein himmlischer Vater findet es gut. Die sicherste Bank ist immer noch bei Gott.

---

10 A. d. H.: Der Wert des Erbes (etwa 29 000 Pfund) entspricht in heutiger Währung mehreren Millionen Euro.

Bei ihm vermehrt sich das Vermögen hundertfach. Kennen Sie irgendjemanden, der einen besseren Zinssatz bietet?«

»Sie … ich … nein!«, der Konsul wusste nicht, was er sagen sollte. »Aber auf keinen Fall bekommen Sie meine Unterschrift. Sie werden sich die ganze Sache noch einmal nüchtern bei Tageslicht besehen.« Dann schlug er einen versöhnlicheren Ton an. »Alles schön und gut, aber denken Sie doch mal an Ihre Zukunft. Sie müssen etwas zu essen und ein Dach über dem Kopf haben. Sie wollen doch bestimmt mal heiraten und Kinder haben. Es stimmt, jetzt sind Sie Missionar, aber in zehn Jahren – wer weiß, was dann ist?«

Jetzt verstand Charles die Welt nicht mehr. Nie hatte er damit gerechnet, dass sein Gastgeber ihm solche Steine in den Weg legen würde.

»Aber Sie sind verpflichtet, die Papiere zu unterzeichnen. Ich bin britischer Staatsbürger und Sie der amtierende Konsul«, beharrte Charles.

Mr. Bourne schlug verzweifelt die Hände über dem Kopf zusammen und stöhnte. »Na gut, aber nur nach zwei Wochen intensiver Bedenkzeit. Wenn Sie es dann immer noch wollen, dann unterschreibe ich, aber daran glaube ich nicht.«

Zwei Wochen warten und dann die Beglaubigung abholen, das gefiel Charles. Zufrieden ging er davon.

In den nächsten Tagen überlegte er, wie er das Geld aufteilen konnte. Vier sehr große Beträge zu je 5000 Pfund und einige kleinere Spenden sollten es werden. Die erste große Summe ging an Dwight L. Moody, durch den sich sein Vater bekehrt hatte. Moody sollte mit dem Geld in Nordindien eine Missionsarbeit beginnen. Hier hatte sein Vater auf Indigofarmen sein Vermögen gemacht.

Der zweite Betrag ging an den Deutschen Georg Müller, der im englischen Bristol christliche Waisenhäuser für die Ärmsten der Armen aufgebaut hatte.

Die nächste Summe sollte der feurige Prediger George Holland bekommen, der sich um Bedürftige in Whitechapel, einem der Londoner Armenviertel, kümmerte.

Die vierte Summe ging an Frederick Booth-Tucker. Er hatte die Heilsarmee nach Indien gebracht und heiratete kurze Zeit später die Tochter von Heilsarmeegründer William Booth.

Was dann noch übrig blieb, verteilte Charles an übrige Missionsgesellschaften und Glaubenswerke, deren Arbeit er schätzte.

Die zwei Wochen waren herum, und Charles klopfte wieder an Mr. Bournes Bürotür. Dieser wusste gleich, was Charles wollte. Zähneknirschend und äußerst widerwillig unterschrieb er. Wenn Charles auch seine Meinung nicht geändert hatte, so hatte er sich wenigstens an die zwei Wochen Bedenkzeit gehalten.

Am 13. Januar 1887 schickte Charles die Dokumente nach England und war richtig froh, dass sein Geld jetzt auf der »sicheren Himmelsbank« war, wie er es nannte.

Im Laufe des nächsten Monats ebbten die Unruhen in Chongqing ab, und die Missionare, die zuvor dort gearbeitet hatten, kehrten einer nach dem anderen in die Stadt zurück. Fröhlich packte Charles seine wenigen Sachen. Im Anschluss an seine Rückkehr nach Schanghai würde er seinen Bruder George treffen. Was er allerdings nicht ahnte, war, dass diese Reise sein Leben komplett auf den Kopf stellen sollte.

KAPITEL 6

Priscilla oder keine

Im April 1887 traf Charles wieder in Schanghai ein. Obwohl die Reise lang und beschwerlich gewesen war, hatte er sich inzwischen an das Leben in China gewöhnt. Drei Reismahlzeiten pro Tag und das Schlafen auf Ziegelsteinbetten in den Gasthäusern machten ihm nichts mehr aus. Er staunte über sich selbst und erkannte erfreut, dass er in China jetzt genauso zu Hause war wie damals in England.

Zurück in Schanghai teilte er das Gästehaus mit drei anderen Briten: mit Miss Black, die als »gute Fee« im Haus tätig war, mit Mr. Stevenson, dem stellvertretenden, auf der Durchreise befindlichen Direktor der China-Inland-Mission, und mit der gerade angekommenen jungen Nordirin Priscilla Stewart. Sie konnte aufgrund einer Herzerkrankung nicht ins Inland reisen und musste im Gästehaus bleiben.

Charles sah zuerst seine Post durch. Dwight Moody bedankte sich herzlich für die großzügige Spende, erklärte aber, dass er die Missionsarbeit in Indien nicht in Angriff nehmen konnte. Stattdessen wollte er das Geld lieber für die Gründung des Moody Bible Institute[11] in Chicago verwenden, wo junge Männer und Frauen für den Missionsdienst ausgebildet und in die ganze Welt ausgesandt werden sollten. Charles hatte nichts dagegen. Ein zweiter Brief kam von Frederick Booth-Tucker, der in Indien tätig war. Mit Charles' Geld waren fünfzig neue englische Mitarbeiter der Heilsarmee auf den indischen Subkontinent entsandt worden.

11 A. d. H.: Die Arbeit dieser Einrichtung begann 1886 unter dem Namen »Chicago Evangelization Society«. Die Umbenennung erfolgte nach Moodys Tod im Jahr 1899.

Dort bewegte sich geistlich etwas, und viele Inder aus den unteren Kasten kamen zum Glauben.

›Wunderbar‹, dachte Charles, ›dieser Brief wäre gut zum Vorlesen in der Morgenandacht geeignet.‹

Am nächsten Morgen flog er die Stufen zum Andachtsraum hinunter, immer zwei auf einmal. Als er gerade in den Raum einbog, sah er ganz oben Priscilla Stewart stehen. Sie sah krank und gebrechlich aus. Charles konnte es nicht mit ansehen, wie sie sich langsam Schritt für Schritt die Treppe herunterschleppte. Er verschwand lieber schnell im Andachtsraum.

»Dass diese Frau nach China gekommen ist, ist ja wohl ein Witz«, sagte Charles dem Missionsdirektor im Vertrauen. »In ihr steckt keine Energie mehr. Nie im Leben wird sie den Strapazen im Inland gewachsen sein.«

»Da könnten Sie recht haben«, meinte Mr. Stevenson, »schon die kleinsten Aufgaben bringen sie an ihre Grenzen.«

Inzwischen hatte es auch Priscilla zur Andacht geschafft, und Charles fingerte nach dem Brief in seiner Tasche. Als die kleine Gruppe ein paar Lieder gesungen hatte, las er nach Absprache mit Mr. Stevenson aus dem Brief vor. Die einleitenden Sätze bezogen sich auf Charles' Spende, und dann hieß es darin folgendermaßen:

> »Am 24.12. haben wir in Kandy auf Ceylon, einer Stadt mit etwa 30 000 Einwohnern, eine neue Missionsstation eröffnet. Ein einfaches schottisches Mädchen und eine einheimische Haushaltshilfe haben die Arbeit begonnen. Der Schottin fehlt nahezu jede Schulbildung. Ihre Rechtschreibung ist, na ja, abenteuerlich. Das Sprachstudium hat ihr größte Mühe gemacht, und nach drei Monaten harter Arbeit konnte sie nur ein paar Sätze sprechen, von ihrer Bekehrung berichten und Veranstaltungen leiten. Ihr Vorgesetzter konnte kein Englisch. Trotzdem mieteten die beiden eine Halle mit 250 Sitzplätzen … mit dem Ergebnis, dass sie nach ungefähr zwei

Monaten 100 Seelen für Christus gewonnen hatten und sich etwa 50 neue Mitarbeiter der Heilsarmee anschlossen. Von ihnen sind mehrere bereits in den Offiziersdienst übernommen worden. Dass einheimische Frauen bei öffentlichen Veranstaltungen sprechen, hat es hier noch nie gegeben, aber jetzt steht eine ganze Reihe von ihnen abends auf der Bühne.«

Charles hielt einen Moment inne, und Priscilla rief aus:

»Unglaublich, was Gott sogar mit seinen einfachsten Arbeitern zustande bringt!«

Ihre Augen leuchteten, als sie sprach, und Charles schämte sich seiner Worte Mr. Stevenson gegenüber. Vielleicht musste er sich selbst korrigieren, weil sein Urteil über diese junge Frau doch etwas voreilig gewesen war.

Später saßen beide auf der Veranda des Gästehauses, und Priscilla erzählte, warum sie nach China gekommen war.

»Es begann damit, dass zwei meiner Onkel sich bekehrten und sofort anderen davon weitersagten. Allen anderen in der Familie – auch mir – war dieser missionarische Eifer ziemlich peinlich. Wir waren gute Anglikaner und eine angesehene Familie in Belfast. Bei uns gehörte es zum guten Ton, sich nicht in die persönlichen Angelegenheiten anderer, wie z. B. in Glaubensfragen, einzumischen.«

Während Priscilla an ihrem Tee nippte, wunderte Charles sich darüber, wie ähnlich sie beide aufgewachsen waren. Sie beide waren reich, kamen aus vornehmem Elternhaus und führten ein »anständiges Leben«, bis jemand in der Familie sich bekehrte.

Priscilla fuhr fort und riss Charles aus seinen Gedanken: »Ich war mit meinem Leben glücklich und zufrieden, besonders als ich mit 18 Jahren allein zum Tanzen durfte. Mein erster Ball war einfach fantastisch, aber in der Nacht hatte ich einen schrecklichen Traum: Darin kam Jesus zu mir und erkannte mich einfach nicht. Er sagte nur: ›Geh weg von mir, ich habe dich nie gekannt.‹ Ich habe alles Erdenkliche versucht, die Worte aus meinem Kopf zu bekommen, aber ich konnte ihnen über Jahre hinweg nicht entfliehen.

Als ich Anfang zwanzig war, besuchte ich mit meiner Mutter ihre Freundin, die kurz vorher Christin geworden war. Von dort aus wurden wir zu einer Versammlung der Heilsarmee mitgenommen. Ich werde nie vergessen, wie schrecklich unangenehm mir dieser Abend war. Dort saßen wir mit einigen Hundert Soldatinnen der Heilsarmee auf der Bühne. Wenn sie sich bewegten, knarrten ihre steifen Kragen und Manschetten, und sie schwangen ihre Tamburine über meinen Kopf hinweg, sodass mir ganz anders wurde. Ich fand den Abend furchtbar und war froh, dass mich niemand fragte, wie es um meine Seele stand.

Zu Hause gab unsere Gastgeberin uns ein kleines Heft von General Booth, in dem das schaurige Bild von einem Meer voller Schiffbrüchiger beschrieben wurde. Einigen gelang es, ihre Köpfe über Wasser zu halten und die Hände auszustrecken. Einige schafften es bis auf die Felsen. Dann kündigte jemand die Wiederkunft Jesu an, und Unzählige gingen verloren.

Und plötzlich war mir klar, wie sehr ich im Irrtum gewesen war. Ich hätte alles dafür gegeben, um zu Gott zu kommen, aber es ging nicht. Mein Herz war rabenschwarz, ich fühlte mich als der größte Sünder auf Erden. Mein Unglauben, meine Lästerei und mein Spott standen mir so real vor Augen, dass ich die Hölle von allen am sichersten verdient hatte. Ich ging auf die Knie und wartete. Dann sah ich Jesus am Kreuz. Als dieses Bild schließlich verblasste, war ich zwei Stunden auf meinen Knien gewesen. Unsere Gastgeberin wollte wissen, was ich gesehen hatte. ›Golgatha‹, war meine Antwort, ›und für immer wird Jesus mein Herr und mein Gott sein.‹«

»Und danach kamen Sie zur Heilsarmee?«, fragte Charles.

»Ja, ihre Versammlungen waren wunderbar. Es waren herrliche Tage. Wenn wir auf die Straße gingen, warfen die Leute faule

Eier, Steine und sogar alte Stiefel nach uns. Aber mir war das egal, denn ich marschierte für Jesus. Schließlich rief Gott mich als Missionarin nach China zur CIM, und ich gehorchte.«

Die beiden saßen eine Zeit lang dort, und Charles war sprachlos. Er hatte Priscilla völlig unterschätzt. Er dachte, sie sei so schwach wie ihre Schritte, aber wenn sie sprach, brannten sich ihre Worte in seine Seele hinein. Auf einmal spürte er, dass er mit dieser außergewöhnlichen jungen Frau noch mehr Zeit verbringen wollte, und war gar nicht traurig, dass George erst in zwei Wochen ankommen sollte.

Obwohl Charles Chinesisch gelernt hatte, sprach er doch mit einem starken binnenchinesischen Akzent, den man in Schanghai nur schlecht verstand. Also änderte er seine Strategie: Anstatt den Chinesen die Heilsbotschaft zu predigen, verkündigte er jetzt englischen Seeleuten das Evangelium. Und Priscilla wollte unbedingt bei diesen Einsätzen dabei sein. Also teilten sie sich die Arbeit auf: Charles organisierte und leitete die Versammlungen, und Priscilla erzählte dann mit viel Feuer von ihrem Leben und davon, wie sie zu Jesus gefunden hatte. Dadurch wurden viele hartgesottene Seeleute bekehrt. Wenn sie auf der Bühne stand, war Charles davon fasziniert, mit welch einem Funkeln in den Augen sie sprach. Er musste zugeben, dass er noch nie eine Frau wie Priscilla Stewart getroffen hatte und dass er sie mochte.

Nachdem George schließlich in Schanghai eingetroffen war, verbrachten er und Charles eine wunderbare Zeit miteinander. George hatte jede Menge Familienneuigkeiten im Gepäck: Ihr gemeinsamer Bruder Kinny war stolzer Vater eines Sohnes geworden, und ihre Schwester Dora hatte kürzlich einen Freund der Familie namens Willie Bradshaw geheiratet.[12]

---

12 A. d. H.: Nach anderen seriösen Quellen erfolgte die Eheschließung Anfang Dezember 1890 – also über drei Jahre später.

Da es mit Priscilla gesundheitlich bergauf ging, konnte sie bald zu ihrer Missionsstation im Inland reisen. Das bedeutete Trennung, und Charles begann, sie zu vermissen, doch wenig später war es auch für ihn wieder so weit, nach Nordchina aufzubrechen, um in dortigen Städten und Dörfern zu predigen.

George kam mit. Er war ja nicht als Missionar, sondern als Charles' Reisebegleiter und Assistent nach China gekommen. Charles war froh über die Gegenwart seines Bruders, denn gerade jetzt war sein Kopf voller neuer Gedanken, die er mit George besprach. »Seit sie weg ist, muss ich immer öfter an Priscilla denken. Sie geht mir einfach nicht aus dem Kopf. Das kenne ich nicht von mir. Ich sage dir, es ist gleichzeitig schön und furchtbar. So kann das auf Dauer nicht weitergehen. Irgendetwas muss passieren. Irgendwie muss ich mich entscheiden.« Darum betete und fastete Charles acht Tage lang. Dann stand seine Entscheidung fest. Er wollte sie heiraten.

Gleich am nächsten Tag, dem 25. Juli, schrieb er Priscilla einen Brief. Er kam direkt auf den Punkt und bat sie, seine Frau zu werden. In aller Offenheit beschrieb er, wie er sich eine Missionarsehe vorstellte:

> Ich kann Dir kein einfaches und bequemes Leben versprechen. Vielmehr wird es von viel Mühe und Not geprägt sein. Ja, wenn ich Dich nicht als eine Gott hingegebene Frau kennengelernt hätte, hätte ich es nie gewagt, Dich überhaupt zu fragen. Mich zu heiraten, bedeutet, ein Mitstreiter in Gottes Armee zu sein, sich im Glauben auf Gott zu verlassen, ein Leben im Kampf zu führen und immer daran zu denken, dass unsere ewige Heimat nicht auf Erden, sondern bei unserem Vater im Himmel ist. Es ist die ungeschminkte Wahrheit, so wird das Leben mit mir aussehen. Möge der Herr allein Dich leiten.

Priscillas Antwort war eine Absage; sie war nicht davon überzeugt, dass Gott sie an Charles' Seite haben wollte. Sie versprach aber, weiterhin für die Sache zu beten. Charles antwortete prompt und schrieb wenig später wieder, bis er Anfang Oktober endlich die ersehnte Antwort in den Händen hielt. Priscilla hatte Ja gesagt.

Charles war überglücklich und informierte umgehend seine Mutter. Dabei merkte er, wie wenig er eigentlich von seiner Zukünftigen wusste. Er kannte weder ihr Alter noch ihre Schulabschlüsse, weder den Namen ihrer Eltern noch die Anzahl ihrer Geschwister. Aber all diese Dinge waren für Charles belanglos. Seine Zukünftige war ganz Gott hingegeben, und das war alles, was zählte.

In einem weiteren Liebesbrief vom 14. Oktober 1887 brachte Charles wenig später seine Unsicherheiten und Gefühle zum Ausdruck:

> Schatz, wenn ich daran denke, wie wenig ich von Dir weiß, muss ich wirklich lachen. Ich weiß weder, wie alt du bist, noch sonst irgendetwas, aber es reicht mir, dass Du ein hingegebenes Kind Gottes bist, das Jesus von Herzen lieb hat, und dass er Dein und mein Herz fest miteinander verbunden hat, damit wir ihm mit ganzem Herzen, mit ganzer Seele und mit ganzem Verstand dienen, bis er wiederkommt … Ich liebe Dich, weil Du Jesus liebst und unglaublich eifrig für ihn bist, weil Du ihm wirklich vertraust, weil Du die Menschen lieb hast und weil Du auch mich liebst. Ich liebe Dich, so wie Du bist, für immer und ewig. Ich liebe Dich, weil Jesus Dich gebraucht hat, um mich zu segnen und mein Herz für ihn zu entflammen. Ich liebe Dich, weil Du immer wie ein rot glühender Feuerhaken bist und mich auf Trab hältst. Herr Jesus, wie kann ich dir je genug für eine solche Gabe danken?

Weil beide so in ihrer Missionsarbeit aufgingen, wussten sie nicht, wann sie sich das nächste Mal sehen würden. Aber am 26.12.1887 kam ein Brief von einer Kollegin Priscillas. Dieser enthielt keine Weihnachtsgrüße, sondern informierte Charles darüber, dass Priscilla eine schwere Lungenentzündung bekommen hatte. Sofort erinnerte Charles sich an ihre erste Begegnung. Sie war schwer herzkrank gewesen, und eine zusätzliche Lungenentzündung konnte sie das Leben kosten! ›Ich sitze auf keinen Fall untätig hier herum, bis der nächsten Brief eintrifft‹, dachte Charles, rechnete sich kurzerhand aus, dass die Reise bis zu ihrer Missionsstation in Huozhou (Hoh-chau) in drei Tagen zu schaffen war, wenn er Tag und Nacht ohne Unterbrechung reiste, und machte sich sofort auf den Weg zu Priscilla. Während der ganzen Reise schickte er Gebete für seine Geliebte nach oben.

Und diese wurden erhört. Als Charles auf der Missionsstation ankam, stellte er fest, dass Priscilla über den Berg war. Sie war richtig froh, ihn wiederzusehen, und die beiden verbrachten viele Stunden mit Bibellesen und gemeinsamem Gebet. Charles staunte nicht schlecht über die Arbeit, die Priscilla und ihre drei Kolleginnen machten. Sie hatten mit unzähligen Schwierigkeiten in Huozhou gekämpft, aber langsam hatte das Evangelium Fuß gefasst. Die ersten Menschen hatten sich vor Kurzem bekehrt, und eine kleine Gemeinde war entstanden.

Mehrere Tage später kam Stanley Smith nach Huozhou und wollte mit seinem Kollegen wieder in den Norden Chinas reisen. Diesmal trennte sich Charles nur äußerst unwillig von Priscilla, aber beide hatten den Eindruck, dass es für eine Hochzeit noch zu früh war.

Auf ihrem Weg mussten Stanley und Charles in Hongtong (Hungtung) eine Zwangspause einlegen, weil Stanley Typhus bekommen hatte. Charles betätigte sich als Krankenpfleger und gab sein Bestes.

Nach drei Wochen war Stanley wieder auf den Beinen, und weiter ging's. Während der langen Stunden am Krankenbett von Stanley hatte Charles viel über sich und seine Zukunft nachgedacht. Er war sich auch vor Gott sicher, dass Priscilla und er heiraten sollten. Wozu noch länger warten? Gesagt, getan. Anstatt auf ihrem bisherigen Weg weiterzureisen, kehrten Charles und Stanley um und machten sich auf den Rückweg nach Huozhou.

Priscilla war überrascht und froh zugleich, die beiden Männer so bald wiederzusehen. Mittlerweile fand auch sie, dass die Zeit für die Hochzeit reif war. Kurzerhand packte sie ihre Koffer, um mit Charles nach Tianjin (Tientsin) zu reisen, wo der nächste britische Konsul residierte.

Als die einheimischen Christen in Huozhou von den Plänen der beiden hörten, waren sie völlig entsetzt. In ihrer Kultur durften Mann und Frau vor der Hochzeit noch nicht einmal das Gesicht des anderen sehen, und diese beiden wollten gemeinsam über Land reisen! »Absolut unmöglich«, erklärten die Neubekehrten. »Nicht schlimm, dann feiern wir zuerst unsere chinesische Hochzeit hier, und danach reisen wir zusammen«, meinte Charles.

Jetzt ging alles ganz schnell. Pastor Hsi[13], ein durchreisender chinesischer Evangelist, war bereit, die Trauung vorzunehmen. Charles und Priscilla trugen ihre chinesischen Alltagskleider, aber Priscilla hatte noch eine weiße Schärpe mit den Worten »Vereint im Kampf für Jesus« umgelegt. Bei ihrem Anblick musste Charles schmunzeln: Diese Frau hatte wirklich Feuer.

Nach der Trauung wurde auf der Missionsstation mit allen gefeiert, und schon am nächsten Tag ging es los nach Tianjin. Unterwegs lernte Charles seine Frau noch etwas mehr kennen. Sie war am 28. August 1864 geboren worden und war damit

---

13 A. d. H.: Obwohl er in der Originalausgabe als »Pastor Shi« bezeichnet wird, ist wohl die hier gewählte Namensform richtig, wie aus vielen Internet-Quellen und anderen Dokumenten hervorgeht. Zu ihm hatten die Studds auch später noch Kontakt (vgl. S. 72).

knapp vier Jahre jünger als er. Die goldblonde Haarfarbe hatte sie von ihrem Vater, die kleine Statur von ihrer Mutter.

Für Charles gab es da noch ein kleines Problem. Er hatte keine Eheringe und auch keine Idee, wo er welche finden könnte. Das war ihm peinlich. Er gestand seiner Frau, dass er ihr leider vorerst keinen Ring geben könnte. Er staunte nicht schlecht, als Priscilla daraufhin lachte und einen Ring aus der Tasche zog. »Den hat mir vor der Abreise aus Nordirland eine gute Freundin als Erinnerungsstück geschenkt. Und jetzt wird er mein Ehering!« Sie zeigte ihn Charles. Merkwürdigerweise hatte er schon eine Gravur: »C. T. S.« stand dort auf der Innenseite. Für Charles war es ein weiteres Zeichen, dass Gott sie zusammengeführt hatte.

In Tianjin wartete schon ein Brief aus England auf ihn. Sein Anwalt teilte ihm mit, dass alles Geld genau nach Charles' Wünschen aufgeteilt und verschenkt worden war. Trotzdem gab es noch einen Restbetrag von 3400 Pfund, von dem er gar nichts wusste. Der Anwalt wollte wissen, wie er damit verfahren sollte.

Jetzt war Charles ein Ehemann, und dies war die letzte große Summe, die er besaß. Er gab sie Priscilla mit den Worten: »Entscheide du, was wir damit machen.« Sie schüttelte nur den Kopf, als er ihr das Geld überreichte, und fragte:

»Charles, was hat der Herr in der Bibel dem reichen jungen Mann gesagt?«

»Verkaufe alles!«, antwortete Charles.

»Na also, wir wollen dem Herrn vom ersten Tag unserer Ehe an ganz vertrauen. Gib das Geld der Heilsarmee, und in Bezug auf unsere täglichen Bedürfnisse wollen wir uns auf Gott verlassen«, entschied Priscilla fröhlich und ohne zu zögern.

Charles wunderte sich wieder einmal: Was für eine Hingabe hatte diese junge nordirische Frau! Und sie war seine Frau geworden!

Die zweite Trauung, diesmal in Tianjin, war eine kleinere Angelegenheit. Der 7. April 1888 war ein wunderschöner Frühlingstag. »Ein Tag wie aus dem Bilderbuch, ideal für eine Hochzeit«, schwärmte eine Missionarskollegin und wollte ihren Augen nicht trauen, als sie entsetzt das Brautpaar sah. Priscilla trug kein Hochzeitskleid und Charles keinen Anzug. Sie waren zu ihrer eigenen Hochzeit in chinesischen Straßenkleidern erschienen. Westlicher Kleiderluxus war ihrer Meinung nach reine Geldverschwendung, sodass sie darauf verzichteten.

Am Ende des Traugottesdienstes knieten Charles und Priscilla nebeneinander nieder und legten ein feierliches Versprechen ab: »Wir werden einander nie behindern, dir, Gott, zu dienen.«

Die Einlösung dieses Versprechens sollte in den kommenden Jahren mehr kosten, als sich die Anwesenden vorstellen konnten.

KAPITEL 7

Fremde Teufel

»Verschwindet, ihr weißen Teufel, ihr bringt nur Unglück über uns!«, schrie der alte Chinese, als er Charles, Priscilla und ihre Mitarbeiterin Mary Burroughs auf dem Marktplatz von Lungangfu sah.

Geduldig ließ Charles die Schimpftirade über sich ergehen. Er machte dem alten Mann oder denen, die ihn dazu anstachelten, keine Vorwürfe. Höchstwahrscheinlich waren die drei Missionare die ersten Weißen in dieser Stadt. Außerdem war Charles sich bewusst, dass man im Inneren Chinas nur sehr wenig über die Welt außerhalb des eigenen Umfelds wusste. Das chinesische Weltbild im Inland besagte, dass China ein riesiger Kreis in einem Quadrat war. Die Ecken des Quadrats, die sich außerhalb des Kreises befanden, waren der Rest der Welt, das »Reich der fremden Teufel«. Die Menschen hatten somit keine Ahnung von anderen Ländern oder Religionen.

Etwa eine halbe Stunde dauerte der Aufruhr um die Missionare, dann konnte Charles einen Hirseverkäufer nach Mietwohnungen in der Stadt fragen. »Alles vermietet«, war die Antwort. Als Charles nicht lockerließ, erwähnte der Mann schließlich ein leeres Haus, das noch zu haben war. Niemand wollte da wohnen – das Haus galt als verflucht.

Charles, Priscilla und Mary wollten es sich mal ansehen und zogen in der angegebenen Richtung los. Überall, wo sie auf der kopfsteingepflasterten Straße entlanggingen, wurden sie von den Menschen mit Flüchen belegt und bespuckt: »Pfui, weiße Teufel!« Schließlich fanden sie fast am Ende der Straße das Gemäuer. Als Charles das Tor aufstieß, öffnete es sich mit einem lauten Knarren. Die drei blickten auf einen völlig überwucherten Innenhof und auf eine Haustür, die lose in den Angeln hing. Nun traten die drei Missionare ein. Die einst weißen Wände waren verblichen und kahl. Skorpione flitzten über den unebenen Ziegelfußboden. Ein Bett aus Ziegelsteinen befand sich an einer Wand; eine Feuerstelle war in der Mitte des Raumes. Im angrenzenden Zimmer standen ebenfalls ein Ziegelbett und ein niedriger Stuhl. Hier gab es sogar ein winziges Fenster, aber leider fehlte die Scheibe. Das dritte Zimmer war komplett leer. Hier konnte Charles sich gut eine Küche und ein Esszimmer vorstellen. Dieses Haus war alles andere als luxuriös, aber es bot ein Dach über dem Kopf und konnte zum Ausgangspunkt für die Ausbreitung des Evangeliums in einer Stadt werden, in der die Menschen noch nie etwas von Jesus gehört hatten. Auf der anderen Seite des Innenhofs stand noch ein kleineres Gebäude. ›Das könnte mal eine Kapelle werden‹, dachte Charles.

Nach der Hausbesichtigung ging Charles mit den beiden Frauen zum Markt zurück, wo ihre Träger und Lastesel auf sie warteten. Aber wo war der Hausbesitzer? Schließlich fanden sie ihn; er war zur Vermietung bereit, aber Charles hatte den untrüglichen Eindruck, dass der Preis viel zu hoch war. Sie wussten jedoch, dass ihnen nichts anderes übrig blieb, als sich mit ihm zu einigen.

Das Einrichten der neuen Wohnung der Missionare ging sehr schnell vonstatten. Neben einer zweiten Garnitur chinesischer Kleider und einigen persönlichen Dingen wie Spiegel und Kamm hatten sie nur etwas Geschirr und einige Töpfe im Gepäck. Für ihre neuen Nachbarn war das Auspacken hochinteressant. Sie gafften durch das Fenster und die offene Tür und wollten mitbekommen, was die »weißen Teufel« so alles taten. Charles, Priscilla und Mary versuchten, so freundlich wie möglich zu sein, obwohl sie eigentlich lieber die Tür geschlossen und sich etwas Privatsphäre gegönnt hätten.

Unter ihren Nachbarn gab es nicht nur die Neugierigen oder Toleranten. Es gab auch jene, die immer dann, wenn sie das Haus verließen, Flüche gegen die Missionare ausstießen und sie fortwährend bespuckten. Es wurde noch schlimmer, wenn Charles mit Priscilla die Straße entlangging. Dass Mann und Frau nebeneinander spazierten, war für die Chinesen unmöglich. Bei ihnen musste die Frau drei Schritte hinter ihrem Mann gehen. Charles und Priscilla blieben jedoch hartnäckig. Sie wollten deutlich machen, dass in einer christlichen Ehe Mann und Frau den gleichen Wert haben. Damit handelten sie sich in ihrem Umfeld eine Menge Unverständnis und Spott ein, aber das war ihnen egal. Auf diese Weise wurde den Chinesen zumindest vor Augen geführt, worum es den Missionaren ging.

Neben allen Schwierigkeiten kündete sich auch ein freudiges Ereignis auf der neuen Missionsstation in Lungang-fu an. Priscilla war schwanger geworden und rechnete damit, ihr Kind im Februar 1889 zur Welt zu bringen. Jetzt stellte sich den werdenden Eltern die Frage, ob Priscilla das Baby zu Hause oder im Missionskrankenhaus der China-Inland-Mission entbinden sollte. Charles rechnete aus, wie viele Monate sie dann abwesend wären: Eine Entbindung im Krankenhaus bedeutete, drei Monate vor der Geburt dorthin zu reisen und nach weiteren zwei Monaten wieder zurückzukehren. Obwohl eine fünfmonatige Abwesenheit von der Arbeit seiner Ansicht nach eine zu lange Zeit war, überließ er die letzte Entscheidung seiner Frau. Diese fand, dass sie im Ort bleiben und auf Gottes Fürsorge vertrauen sollten.

Kurz darauf kamen Charles aber doch Bedenken: ›Würde ihr Baby hier sicher sein?‹ Der Mandarin[14], dessen Wort in Lungang-fu Gesetz war, mochte die Ausländer in seiner Stadt nicht. Wo

14 A. d. H.: Hier und im Folgenden geht es um die von Ausländern gebrauchte Bezeichnung für hohe Beamte im kaiserlichen China.

immer es sich ergab, wiegelte er die Leute zur Opposition gegen sie auf und erlaubte Charles auch nicht, auf der Straße zu predigen.

Das erste gemeinsame Dienstjahr der Missionare war noch nicht vergangen, als eine schwere Dürre dem Land zusetzte. Der Boden war hart und trocken und brachte nur Missernten hervor. Für die Chinesen war der Fall klar und die Ursache schnell gefunden. Ohne Zweifel hatten die »fremden Teufel« ihre Götter erzürnt, die zur Strafe den Regen verweigerten.

Die Lage spitzte sich immer mehr zu. Eines Tages im September sah Charles auf dem Markt der Stadt ein großes Plakat mit einer Ankündigung. Ihm gefror das Blut in den Adern. Für den nächsten Tag wurde allen Bewohnern der Stadt befohlen, sichtbar vor ihren Haustüren dem Regengott Weihrauchopfer darzubringen. Einem zufällig mitgehörten Gespräch zwischen zwei Männern entnahm er außerdem, dass die Statue des Regengottes aus der Nachbarstadt herbeigeholt und in einer Prozession durch die Straßen von Lungang-fu getragen werden sollte. Dann sollte er sich am Weihrauch erfreuen und es wieder regnen lassen. Mit diesen Neuigkeiten rannte Charles nach Hause.

»Was machen wir denn jetzt?«, fragte Priscilla. »Sie werden schwer beleidigt sein, wenn wir keine Weihrauchopfer darbringen. In ihren Augen machen wir den Regengott dann noch zorniger.«

»Ich glaube, dahinter steckt der Mandarin. Seit wir hier sind, sucht er nach jeder Möglichkeit, uns wegzuekeln. Was ist da besser geeignet als ein aufgebrachter Mob vor unserer Haustür?«, meinte Mary.

Charles seufzte tief: Was nun?

An diesem Abend blieben die Missionare noch lange wach und beteten für die brenzlige Situation. Am nächsten Morgen erfüllte der Geruch von süßem Weihrauch die Luft. Charles verriegelte die Türen und wartete ab, was geschehen würde.

Um die Mittagszeit hörten sie, wie die Prozession in ihre Straße einbog. Die Stimmen wurden lauter, und die Leute skandierten: »Wir wollen Regen, wir wollen Regen! Tod den fremden Teufeln, Tod den fremden Teufeln!«

Bum! Charles hörte ein dumpfes Geräusch, ein Krachen gegen die Mauer des Nebengebäudes. Beißender Rauch breitete sich aus. Der Mob hatte das Haus angezündet. Jetzt musste es schnell gehen. Charles schlang seine Arme um Priscilla und trug sie hinaus in den Hof.

»Pass auf sie auf«, rief er Mary zu, kletterte über die seitliche Mauer und sprintete zum Amtssitz des Mandarins. Es war dessen Aufgabe, sich um die Sicherheit seiner Untertanen zu kümmern.

Charles rannte den ganzen Weg dorthin, fand jedoch nur eine verschlossene Tür vor. Der Mandarin war nicht da. Ja, er war in der ganzen Stadt nicht zu finden. Nachdem er von der Prozession mit dem Regengott erfahren hatte, hatte er sich praktischerweise aus dem Staub gemacht. ›Kein Zweifel‹, dachte Charles, ›der will kein Blut von Ausländern an seinen Händen kleben haben.‹

Unverrichteter Dinge kehrte Charles zurück. Jetzt musste er ganz allein den Frauen helfen. Wie durch ein Wunder beachtete ihn niemand. Alle starrten auf die Männer, die das Nebengebäude in Brand gesteckt hatten. Jetzt fingen sie an, die Außenwände des Missionshauses mit Äxten und Hacken zu bearbeiten.

Charles stand einen Augenblick lang da und überlegte fieberhaft, wie er wieder in das Haus hineinkommen könnte. Da erhob sich plötzlich aus dem Getümmel eine Stimme. Sie gehörte einem einheimischen Gelehrten, mit dem Charles sich schon öfter gut unterhalten hatte.

»Seid ihr verrückt, was macht ihr denn da«, schrie der Gelehrte die Leute an. »Ihr verschwendet nur eure kostbare Zeit, während es immer später wird. Schaut euch mal den Regengott an, der sitzt da drüben im Schatten. Der braucht Sonne. Los, tragt ihn in das

Sonnenlicht hinaus! Wie kann er uns Regen schenken, wenn wir ihn im Schatten sitzen lassen?«

Sofort hörte das wilde Geschrei auf, und die Leute wandten sich zu dem steinernen Regengott um, dessen etwa 1,50 Meter hohe Statue man an einem Eingang abgesetzt hatte.

»Wenn ihr ihn so einfach links liegen lasst, wird er euch weiterhin mit Trockenheit bestrafen«, fuhr der Gelehrte fort. Das leuchtete den wütenden Chinesen ein. Sie wollten alles vermeiden, was den Regengott erzürnen könnte.

Die Menge mit den Äxten und Hacken ließ von den Außenwänden ab, und die sechs Träger bückten sich tief und wuchteten die steinerne Statue auf ihre Schultern. Sie setzten die Prozession Richtung Markt fort, und alle folgten ihnen.

Charles wartete, bis der Mob abgezogen war. Dann dankte er Gott dafür, dass er sie alle vor dem Tod bewahrt hatte.

Die Südmauer des Nebengebäudes war nur noch ein glimmender Schutthaufen, aber Priscilla und Mary waren unverletzt, und das Innere des Missionshauses war unversehrt.

Der Mob war verschwunden und kam erstaunlicherweise auch nicht mehr zurück. Obwohl es noch sechs Monate dauerte, bis der erste Regen fiel, wurden die Missionare nicht wieder belästigt.

Aber etwas hatte sich überraschenderweise verändert. Nach dem Zwischenfall begannen die Menschen auf einmal, Charles aufzusuchen und mit ihm über seine und ihre Religion zu sprechen. Es waren viele, die sich von nun an für den christlichen Glauben interessierten.

Der erste Neubekehrte war ein Mann auf der Durchreise. Er heiß Liu und konnte es anfangs einfach nicht glauben, dass der Christengott wirklich etwas mit ihm zu tun haben wollte.

»Ich bin ein Mörder, ein Ehebrecher und opiumsüchtig«, gestand er Charles. »Alle göttlichen und menschlichen Gebote habe ich immer wieder gebrochen.«

Wenn er sie bereute und Buße täte, würde Gott ihm vergeben, erklärte Charles ihm. Daraufhin tat Liu genau das und wurde Christ. Kurz danach wurde er immer unruhiger, hielt es in der Stadt nicht mehr aus und teilte Charles mit: »Ich muss zurück in den Ort, wo ich all diese bösen Taten begangen habe, und den Menschen von der Liebe und Gnade Jesu erzählen.«

Liu machte sich auf den Weg, und Charles betete jeden Tag für ihn.

Zwei Monate später, im Februar 1889, kehrte er zur Missionsstation in Lungang-fu zurück und hatte eine ungewöhnliche Geschichte zu berichten.

»Kaum war ich zu Hause angekommen«, begann Liu, »da erzählte ich meinem Vater und meinen Brüdern, wie Gott mein Leben von Grund auf verändert hatte. Aber sie wollten nichts davon wissen, weil es sie an ihre eigenen Schandtaten erinnerte. Sie brachten mich zum Mandarin, der umgehend befahl, mir 2000 Hiebe mit dem Bambusstock zu verabreichen. Bei jedem Schlag, der auf meinen Rücken niedersauste, betete ich, bis ich bewusstlos wurde.« Liu hielt inne. Als er das Hemd hochschob, sah man seinen Rücken, der mit frischen Narben übersät war.

»Gelobt sei Gott«, erzählte Liu weiter, »dass ich in einem christlichen Krankenhaus aufwachte. Wie ich später erfuhr, hatten einige Freunde mich auf einem Ochsenkarren gelegt und dorthin gebracht. Natürlich war mein erster Gedanke, dass ich zurückgehen und in meinem Ort weiterpredigen müsste, aber meine Freunde hielten mich zurück. Der Mandarin würde mich töten lassen, wenn ich mich noch einmal blicken ließe. Aber ich war mir sicher, dass Gott mich dorthin gesandt hatte.«

Ein breites Lächeln zog über Lius Gesicht.

»In der Nacht stieg ich aus einem offenen Fenster des Krankenhauses und lief in meinen Heimatort zurück«, fuhr Liu fort. »Am Morgen begann ich dann wieder, den Leuten von Jesus zu erzählen. Es dauerte nicht lange, bis ich erneut dem Mandarin vorgeführt und ins Gefängnis geworfen wurde. Du kannst dir nicht vorstellen, was das für ein wunderbarer Ort ist!«, lächelte Liu. »Von morgens bis abends hatte ich Zeit, den anderen Gefangenen durch ein Loch in der Zellentür von Jesus zu erzählen. Schließlich wurde ich entlassen, weil ich zu viel Unruhe unter den Gefangenen und Wärtern stiftete. Ist Gott nicht gut?«

»Absolut, Gott ist gut«, erwiderte Charles und war verblüfft über den einfachen Glauben dieses Mannes und seine Bereitschaft, für Christus zu leiden. So gesehen hatten sich die ganzen Widrigkeiten und das Fluchen und Spucken der Stadtbewohner gelohnt und letztlich gute Früchte gebracht.

Ebenfalls im Februar 1889 wurde den Studds das erste Kind geboren. Charles hatte sich als Hebamme betätigt, und das Kind bekam den Namen Grace. Immer wieder schlich die chinesische Köchin der Missionare um das Mädchen herum, bis Charles sie endlich fragte, warum sie das Kind dauernd ansah.

»Ich frage mich nur, ob ihr das Kind behalten wollt, da es ja ein Mädchen ist«, sagte die Köchin.

»Was soll das heißen?«, fragte Charles.

Die Köchin zog die Schultern hoch und erklärte: »Bei uns behalten viele Mütter ihre Mädchen nicht, besonders wenn sie noch keinen Jungen haben. Außerhalb der Stadt gibt es gewisse Pagoden, wo die Mütter ihre neugeborenen Mädchen absetzen können. Erst schreien die Kleinen laut, aber dann kümmern sich die wilden Wölfe um sie.«

Charles wurde es übel. Obwohl er nicht an dem zweifelte, was er gerade gehört hatte, war er total schockiert. Wie konnten Eltern ihr unschuldiges Baby den wilden Tieren zum Fraß hinwerfen? Er schaute die kleine Grace an und schüttelte den Kopf.

»Der Gott der Bibel gebietet uns, alles Leben wertzuschätzen«, erklärte er ruhig. »In seinem Reich sind wir alle gleich. Jungen sind nicht mehr wert als Mädchen.«

Leider erkrankte Priscilla, nachdem sie Grace zur Welt gebracht hatte, sehr schwer. Charles war daher erleichtert, als Jessie Kerr, eine Krankenschwester der CIM, zu ihrer Unterstützung eintraf, denn Mary Burroughs hatte ihre Arbeit auf der Missionsstation in Lungang-fu kurz zuvor beendet.

Priscillas Zustand verschlechterte sich immer mehr. Nachdem sich Jessie einige Stunden um sie gekümmert hatte, erklärte sie mit ernstem Gesichtsausdruck: »Mr. Studd, ich habe alles Menschenmögliche getan, aber nichts scheint bei ihr anzuschlagen. Ihrer Frau geht es immer schlechter. Ich tue das äußerst ungern, aber ich kann Ihnen keine Hoffnung mehr für Ihre Frau machen. Falls Gott ihr durch ein Wunder doch noch einmal das Leben schenkt, müssen Sie sofort nach England zurückkehren.«

Als Charles sich die Tragweite dieser Worte bewusst gemacht und die Konsequenzen bedacht hatte, regte sich in ihm Widerstand. War es das gewesen? Sollten sie wirklich nach England zurückkehren und hier alles aufgeben? Gott hatte sie doch nach China gerufen! Er rief einige chinesische Christen zusammen. Gemeinsam stellten sie sich um Priscillas Bett, salbten sie mit Öl und baten Gott um ihre Heilung. Charles betete die ganze Nacht hindurch. Am nächsten Morgen ging es Priscilla besser. Gemeinsam feierten sie einen Dankgottesdienst, und bald darauf konnte Priscilla wieder ihrer Missionsarbeit nachgehen und sich um ihre Tochter Grace kümmern.

Im Frühjahr kam Stanley Smith, einer der »Cambridge Seven«, mit seiner Frau Sophie, die er im September 1888 geheiratet hatte, nach Lungang-fu und schloss sich der Missionsarbeit der Studds an. Gemeinsam wollten sie den vielen Opiumsüchtigen helfen und ein Entzugszentrum für sie eröffnen. Zuerst kamen nur einige obdachlose opiumsüchtige Männer zu ihnen. Da einige durch viel Gebet und liebevolle Pflege von ihrer Sucht geheilt wurden, kamen jedoch bald andere hinzu, die aus dem gleichen Grund Hilfe suchten.

Später engagierte sich auch Pastor Hsi, der Charles und Priscilla in Huozhou getraut hatte, in der Arbeit in Lungang-fu und gab ihr neuen Auftrieb. Auf einmal erhielt Charles ein paar sehr großzügige Spenden von Freunden in England. So konnten die Studds ein größeres Haus kaufen und die Drogenrehabilitation ausbauen.

Als Grace ein Jahr alt geworden war, wurde dem Ehepaar ein weiteres Kind geschenkt. Diesmal war es ein Junge. Aber leider lebte Paul nur ein paar Stunden. Charles beerdigte ihn in einer Ecke ihres Innenhofes. Er bewunderte Priscilla, die in seiner Gegenwart nie den Tod ihres Sohnes beweint hatte. Stattdessen verstärkte sie ihre Bemühungen, die Frauen ihrer Stadt mit dem Evangelium zu erreichen.

Neben Krankheit und Tod erlebten die Studds auch Herausforderungen im finanziellen Bereich. Da Charles sein ganzes Erbe verschenkt hatte, verfügten er und Priscilla über keine regelmäßigen Einkünfte mehr. Sie lebten von dem, was Freunde oder Gemeinden in England ihnen gelegentlich schickten. Und weil sie sich einen sehr einfachen Lebensstil angeeignet hatten, reichte es normalerweise aus. Aber eines Tages – nicht lange, nachdem Paul gestorben war – hatten sie kein Geld mehr im Haus, um Essen zu kaufen. Charles und Priscilla beschlossen daraufhin, die Nacht durchzubeten und Gott um seine Versorgung zu bitten.

Doch nachdem sie 20 Minuten auf den Knien gelegen hatten, erklärte Charles, dass sie lang genug gebetet hätten. »Wir haben Gott alles gesagt, und ich denke, es bringt nichts, wenn wir es jetzt immer wiederholen, als ob er taub wäre oder nicht um den Ernst der Lage wüsste.«

Am nächsten Morgen traf die Post ein, die ihnen zweimal im Monat zugestellt wurde. Schnell öffneten Charles und Priscilla alle Briefe. Vielleicht enthielt der eine oder andere ja Geld oder einen Scheck von einem ihrer Unterstützer. Aber kein Geld weit und breit. Das konnte nicht wahr sein! Verzweifelt schaute

Charles noch einmal ganz genau im Postsack nach. Und tatsächlich, ganz unten in der Ecke hatte sich ein Brief verklemmt. Er holte ihn heraus und las eine Handschrift, die ihm unbekannt war.

»Liebling, kennst du einen Mr. Frank Crossley?«, fragte Charles seine Frau.

»Nein«, erwiderte sie, »soweit ich mich erinnere, habe ich diesen Namen noch nie gehört.«

Charles schlitzte den Umschlag auf und entfaltete den Briefbogen. Da kam ein Scheck über 100 Pfund zum Vorschein. Beigefügt war eine Erklärung, wie es zu dieser Spende kam:

> Gott hat mir deutlich gemacht, dass ich Ihnen diese 100 Pfund schicken soll. Ich habe Sie nie persönlich getroffen, sondern nur von Ihnen gehört, und das noch nicht einmal sehr häufig. Aber Gott hat mir durch seinen Befehl heute Nacht den Schlaf genommen. Ich habe nicht die leiseste Ahnung, warum er das gemacht hat, aber Sie werden es wissen. Auf jeden Fall, hier ist das Geld, und ich hoffe, dass es Ihnen hilft.

Charles und Priscilla schauten sich kopfschüttelnd an und begannen, an Ort und Stelle Gott zu danken und preisen.

Die Missionsarbeit in Lungang-fu machte weitere Fortschritte. Das Drogenrehabilitationszentrum war bis 1894 zu einem Zuhause für 50 Menschen geworden; die meisten waren Männer, es gab aber auch Frauen und Kinder unter den Bewohnern.

Die Kinderschar im Hause Studd war inzwischen auf vier angewachsen. Dorothy, Edith und Pauline wurden alle im Abstand von rund einem Jahr geboren. Fünf Geburten in weniger als sechs Jahren hatten bei Priscilla ihre Spuren hinterlassen. Auch um die Gesundheit von Charles stand es nicht gut. Durch das raue Klima und die vielen Glaubensgespräche in den verqualmten Häusern hatte er Asthma entwickelt.

Inmitten dieser Umstände kam ein Brief von Charles' Mutter an, in dem sie der Familie dringend zu einem Heimaturlaub in England riet. Über andere Missionare hatte sie erfahren, wie es um die Familie Studd gesundheitlich bestellt war. Das Geld für die Rückfahrt hatte sie gleich mit beigelegt. Charles war sich zu diesem Zeitpunkt jedoch nicht sicher, ob sie wirklich nach England zurückreisen sollten. Er fragte Gott immer wieder, und nach sechs Monaten war die Sache schließlich entschieden. Die Familie packte ihre Sachen zusammen und machte sich auf die Reise nach Osten, zur Hafenstadt Schanghai.

Vor knapp zehn Jahren hatte Charles seine Heimat England als gesunder Single und kräftiger Spitzensportler verlassen. Jetzt kam er als kranker Mann mit Frau und vier kleinen Mädchen zurück, von denen keines Englisch verstand! Als sie in Schanghai das Dampfschiff bestiegen, fragte sich Charles, ob sie sich jemals wieder an den Lebensstil ihrer Familien gewöhnen könnten, die weiterhin in Kreisen der englischen High Society verkehrten. Schon der Gedanke daran ließ ihn innerlich aufstöhnen.

KAPITEL 8

Indien

»Papi, Papi!« Charles schaute auf und blickte in die verstörten Gesichter seiner drei ältesten Töchter. Grace, mit ihren sechs Jahren die Älteste, war ganz durcheinander, als sie die Kajüte betrat.

»Was gibt's?«, fragte er.

»Wir verstehen diese komischen Missionare überhaupt nicht«, sagte Grace mit Nachdruck. »Sie spielen immer nur Musik, aber singen oder beten nie. Was ist mit denen los?«

Charles überlegte einen Augenblick und brach dann in schallendes Gelächter aus. Die »Missionare«, die seinen Töchtern so komisch vorkamen, waren in Wirklichkeit Mitglieder einer Blaskapelle, die mit demselben Schiff unterwegs waren. Jeden Nachmittag gaben sie ein Konzert, und die Mädchen durften still dabeisitzen und zuhören. Die Studd-Töchter waren den ersten Weißen begegnet, die keine Missionare waren.

Auf dem Schiff ging es ziemlich eng zu. Daher waren insbesondere die Kinder froh, als der Dampfer endlich in London anlegte. Kinny, den Charles seit zehn Jahren nicht gesehen hatte, stand am Kai.

Nach einer herzlichen Begrüßung machten sich Priscilla und die Mädchen schon mal auf den Weg in die Stadtvilla am Hyde Park. Charles und Kinny warteten noch geduldig auf das Gepäck.

Es gab eine Menge zu erzählen. Während Charles in China gewesen war, hatte sein Bruder auf Einladung von Dwight Moody eine erfolgreiche Evangelisationsreise in die Vereinigten Staaten unternommen. Kinny erzählte Charles, wie viele Universitäten ihm die Pforten geöffnet hatten, sodass er die Geschichte der

»Cambridge Seven« erzählen konnte. Infolgedessen interessierten sich viele Studenten für die Missionsarbeit, und eine christliche Studentenmission unter der Bezeichnung *Student Christian Movement* wurde ins Leben gerufen. Ihr Ziel war es, Tausende amerikanische Studenten zu mobilisieren, das Evangelium bis an das Ende der Erde zu bringen. So sollte die Welt innerhalb einer Generation evangelisiert werden.

Charles hörte begeistert zu. Am liebsten wäre er selbst sofort zu einer Rundreise aufgebrochen, um neue Missionare für China zu gewinnen. Aber dafür ging es ihm gesundheitlich viel zu schlecht. In seinem Brustkorb hatte er so starke Schmerzen, dass er eher auf Tuberkulose als auf Asthma tippte.

Nachdem die Familie sich in der Stadtvilla am Hyde Park eingerichtet hatte, verkündigte Charles' Mutter: »Jetzt, wo ihr endlich wieder mal in England seid, bestehe ich darauf, dass ihr alle zum Arzt geht.« Als sie den Wunsch der Mutter erfüllten, kam heraus, dass Charles nicht an Tuberkulose, sondern an chronischem Asthma erkrankt war. Und bei Priscilla wurde ein unheilbarer Herzschaden diagnostiziert. Fünf Geburten hatten ihre Spuren hinterlassen, und jetzt war sie wieder schwanger. Den vier Mädchen hingegen ging es blendend.

In ihrem neuen Zuhause in der Londoner Stadtvilla brachten sie die Erwachsenen abwechselnd fast zum Wahnsinn und zum Lachen. Wie zu erwarten war, führte Charles' Mutter hier ein strenges Regiment. Alle, denen sie Anweisungen gab – einem Koch, einem Butler und zwei Hausmädchen –, kümmerten sich um die Belange und Bedürfnisse des Hauses. Als die Rückkehr von Charles' Familie kurz bevorstand, organisierte sie kurzerhand noch ein Kindermädchen für Pauline, und auch die drei Größeren sollten beaufsichtigt werden. Und damit begannen die Schwierigkeiten. Weil die Kinder kaum Englisch verstanden, konnte sich das Kindermädchen überhaupt nicht durchsetzen. Und vieles von dem, was sie den Kindern sagte, ergab für diese »Chinesen« überhaupt keinen Sinn. Wenn ihr alles zu viel wurde, sperrte sie aus Verzweiflung eines der Kinder im Badezimmer ein. Dann fingen die anderen an, im Kreis um sie herum zu tanzen und laut auf Chinesisch zu singen. Das frustrierte Kindermädchen musste daraufhin die »Gefangene« wieder freilassen, damit endlich Ruhe einkehrte.

Langsam fanden sich die Mädchen aber doch zurecht. Alle warteten jetzt gespannt auf die Geburt eines weiteren Babys. Es sollte Priscillas erste Entbindung unter ärztlicher Aufsicht sein. Aber auch der anwesende Arzt konnte nicht verhindern, dass der Sohn, den sie zur Welt brachte, schwach und krank war und zwei Tage später starb. Wieder trauerten Charles und Priscilla um einen Sohn. Insbesondere den älteren Schwestern ging dieser Verlust sehr nahe.

Obwohl er wieder einen Sohn verloren hatte, war Charles' Glaube ungebrochen. England war im Moment sein Zuhause und damit auch sein Missionsfeld. Dank eines ruhigeren Lebensstils in der Heimat hatte sich sein Asthma gelegt. Daher begann er, eine Rundreise kreuz und quer durch Großbritannien und Irland zu organisieren, auf der er über die Missionsarbeit in China berichtete und die gläubigen Zuhörer herausforderte, selbst zu gehen bzw. andere zu senden. Wo er auch hinkam, wollten die Menschenmengen den weltberühmten Kricketspieler hören, der sein Vermögen um Christi willen verschenkt hatte.

Auf einer Reise durch Wales war er bei seiner Cousine Dollie Thomas untergebracht. Widerwillig ließ sie sich zu einem Abend einladen, fand Charles' Ansprache aber ganz schrecklich und sagte ihm das deutlich auf dem Rückweg.

»Also wirklich, Charles«, tadelte sie ihn, »heute Nachmittag hast du aber Blödsinn erzählt, als du sagtest: ›Wahre Religion ist wie Pocken. Wer sie hat, gibt sie weiter, und so breitet sie sich aus.‹ Was hast du dir bloß dabei gedacht, Glauben mit einer Krankheit zu vergleichen?«

»Aber genauso ist es doch«, entgegnete Charles, »ich versuche, meine Botschaft so herüberzubringen, dass die einfachen Leute sie verstehen. Und ich glaube, das haben sie verstanden, oder was denkst du?«

Ihre Reaktion bestand in eisigem Schweigen, das auf dem ganzen Rückweg anhielt. Als sie wieder zu Hause waren, machte das Hausmädchen ihnen eine heiße Schokolade. Dollie reichte ihrem Cousin die Tasse. Charles redete jedoch unbeirrt weiter und beachtete die Tasse überhaupt nicht. Nun wurde Dollie richtig ungehalten angesichts seiner Unhöflichkeit.

Charles lächelte. Indem er auf die Tasse mit der heißen Schokolade blickte, sagte er schließlich: »Wieso ärgerst du dich über mich? Genauso behandelst du Gott. Er hält dir das Geschenk des ewigen Lebens hin, und du ignorierst einfach das Angebot.«

»So etwas habe ich ja noch nie gehört«, schnaubte Dollie, setzte Tasse und Untertasse auf einem Beistelltisch ab und verließ empört den Raum.

Nach diesem Zwischenfall redeten sie nicht mehr über den Glauben; Charles betete jedoch ernsthaft für ihre Bekehrung.

Als er zwei Tage später nach London zurückkehrte, wartete schon ein Telegramm auf ihn. Darin stand: »Habe die Pocken bekommen – aber volle Wucht, Gruß Dollie.«

Bis 1896 tourte Charles quer durch Großbritannien und Irland. Dann erhielt er eine Einladung in die USA, wo er an vielen Orten vor Studenten sprechen sollte. Darauf hatte er nur gewartet! Seine gesundheitlich angeschlagene Priscilla und die Kinder ließ er in der Obhut seiner Mutter zurück, und im Oktober desselben Jahres reiste er ab. Es wurde eine 18-monatige Reise.

Während seines Aufenthalts in den Vereinigten Staaten sprach er oft bis zu fünf- oder sechsmal am Tag; dazu kamen buchstäblich Tausende von Einzelgesprächen mit missionsinteressierten Studenten. Regelmäßig schrieb er Priscilla und legte Zeitungsausschnitte mit Berichten über die Veranstaltungen bei, obwohl diese ihm oft nicht gefielen.

Eine Zeitung schwärmte geradezu von Charles' unglaublicher Hingabe für die Mission und den unglaublichen Opfern, die er sich das kosten ließ. An den Rand des entsprechenden Artikels kritzelte er Folgendes: »Das ist der Blödsinn, den die Zeitungen schreiben. In einer Veranstaltung stellte mich ein Mann mit ähnlichen Worten vor. Als ich dann endlich an die Reihe kam, sagte ich: ›Wenn ich gewusst hätte, was man hier reden würde, wäre ich 15 Minuten später gekommen. Lasst uns beten und dieses Gerede erst einmal mit Gebet abwaschen.‹«

Über Weihnachten führte seine Veranstaltungstour Charles durch Nebraska und Kentucky. Im Januar und Februar sprach er an Hochschulen in Pennsylvania und Ohio. Er forderte die jungen Menschen heraus, ihr ganzes Leben Christus auszuliefern. An Priscilla schrieb er: »Es ist fantastisch hier. Überall wird es in den Seelen hell, und Gott hat sie schon vorbereitet.«

Als Charles schließlich im April 1898 nach England zurückkehrte, fand er seine Frau krank und depressiv vor. Während seiner Abwesenheit hatte sie sich alle Mühe mit der Kindererziehung gegeben, aber trotzdem war es dauernd zu Konflikten mit dem Kindermädchen und Charles' Mutter gekommen. Charles und Priscilla hatten sehr klare Vorstellungen davon, wie sie ihr Leben führen und ihre Kinder erziehen wollten. Anders als in ihrem Umfeld waren ihnen nicht materieller Wohlstand und höhere Bildung wichtig. Was allein zählte, war der Gehorsam Gott und seinem Wort gegenüber. Die von Luxus geprägte Umgebung, das Leben in der Villa und all die wohlhabenden Cousins und Cousinen, die ständig ein und aus gingen, beeinflussten jedoch die Mädchen und begannen, ihnen einen materialistischen Lebensstil schmackhaft zu machen.

Diese Situation beunruhigte Charles und Priscilla zutiefst. Sie wollten wieder aufs Missionsfeld gehen, wo ihre Töchter nicht so stark den materiellen Versuchungen ausgesetzt wären. Es war daher keine Überraschung, dass Charles begeistert war, als er von der Gelegenheit hörte, nach Indien zu reisen. Mr. Vincent, ein alter Freund seines Vaters, erzählte Charles von der Möglichkeit eines Einsatzes im nordindischen Tirhut[15], wo sein Vater reich geworden war. Außerdem bot er sich an, die Reise zu finanzieren. Charles' Herz schlug höher. Seit er zum Glauben gekommen war, träumte er davon, den Menschen, die auf den Indigofarmen seines Vaters gearbeitet hatten, das Evangelium zu bringen. Diese Gelegenheit wollte er nun ergreifen.

Zunächst machte er sich allein auf den Weg nach Indien. Sobald er eine geeignete Bleibe gefunden hatte, sollten Priscilla und die Mädchen nachkommen. In Indien, der britischen Kronkolonie, war es ganz anders als in China. Hier hatte er gleich die Aufmerksamkeit der englisch sprechenden Menschen, da ihn fast alle als Spitzensportler kannten und sich nun fragten, was seit dem Ende seiner Kricketkarriere aus ihm geworden war.

Charles zögerte nicht lange, sondern sprach mit jedem, der ihm über den Weg lief – egal, ob Inder oder Engländer –, über den Glauben. Dann heuerte er einen Übersetzer an und besuchte die früheren Indigofarmen seines Vaters. Zu seiner großen Freude kannten viele der älteren Arbeiter seinen Vater noch.

In Tirhut hörte er von der Anglo-Indian Evangelisation Society[16]. Das war etwas nach seinem Geschmack. Ihr Ziel war unter anderem, sich um das geistliche Wohl der Engländer in Indien zu kümmern, die oft keine Gemeinde vor Ort und damit keine Möglichkeit hatten, geistlich zu wachsen. Aufgrund seiner Kontakte zu Mitarbeitern dieser Gesellschaft hörte Charles, dass im bergigen Südindien eine Pastorenstelle der Union Church neu besetzt werden sollte. Die entsprechende Gemeinde befand

---

15 A. d. H.: Verwaltungseinheit im heutigen nordindischen Bundesstaat Bihar.

16 A. d. H.: Svw. »Anglo-Indische Gesellschaft zur Verbreitung des Evangeliums«.

sich im Städtchen Ootacamund, allgemein Ooty genannt, einem idealen Ort für Engländer. Der Ort lag in den Bergen und war mit seinem kühleren Klima ein optimaler Rückzugsort, um der schwülen Sommerhitze in den Tälern zu entkommen. Hier waren Armeeangestellte, Regierungsbeamte und Geschäftsleute zu Hause. Der Ort lag fast 2300 Meter über dem Meeresspiegel, und das Wetter glich dem englischen Sommer.

Charles erkundigte sich nach den Einzelheiten und erfuhr, dass zur Anstellung das Haus des Pastors und ein festes monatliches Gehalt gehörten. Zwei Drittel seiner Zeit sollte er in Ooty und ein Drittel im Reisedienst verbringen, um in entlegenen Orten wohnende Engländer geistlich zu versorgen. Das schien zu passen, und Charles bewarb sich um die Stelle.

Eines schönen Tages im Mai hielt Charles die Antwort in seiner Hand. Er war zum neuen Pastor der Union Church von Ootacamund berufen worden. Umgehend schrieb er seiner Frau, dass sie ihre Sachen packen und mit den Mädchen nach Indien kommen sollte.

Im Oktober 1900 kamen Priscilla und die Kinder in Ooty an. Sie hatten noch eine Gouvernante dabei, die Charles' Mutter ihnen mitgegeben hatte. Zum ersten Mal seit fünf Jahren lebte die Studd-Familie für sich. Charles beobachtete die Mädchen, wie sie ihre neue Freiheit fern von den Blicken der Verwandtschaft genossen. Grace war inzwischen fast zwölf und Pauline, die Jüngste, sechs Jahre alt.

Während er seine Töchter so beobachtete, wurde ihm schmerzlich bewusst, dass er einen Großteil ihrer Kindheit gar nicht mitbekommen hatte. Das wollte er jetzt nachholen. Zusammen mit den Mädchen nahm er an allen sportlichen Aktivitäten teil, die es in Ooty so gab: Golfen, Reiten, Polo, Tennis und natürlich Kricket. Es dauerte nicht lange, bis Charles zu seiner alten Form auflief und ungeahnte Schläge hinlegte. Nachdem die Kricketspiele jeweils beendet waren, lud Charles die jungen englischen

Offiziere zu sich nach Hause ein, wo sie zusammensaßen und oft lange über den christlichen Glauben redeten. Manchmal diskutierten sie so lange, dass die Männer im Hause Studd übernachten mussten.

In Ooty entschieden sich derart viele Menschen für ein Leben mit Jesus Christus, dass Neuankömmlinge und Besucher gewarnt wurden: »Geht nicht in die Union Church, wenn ihr nicht bekehrt werden wollt.« Charles war zufrieden. Genauso wollte er es haben.

Auch seine Töchter wollten bewusst als Christen leben und baten eines Tages um die Taufe. Die Freude darüber war groß, nur gab es ein kleines praktisches Problem: Wo sollte die Taufe stattfinden? Kein Bach oder Fluss in und um Ooty war tief genug für eine Taufe. Aber Charles ließ sich davon nicht abhalten. Er beauftragte den Gärtner, eines der Blumenbeete etwa 1,20 Meter tief auszuheben. Dann kaufte er in der Stadt eine große verzinkte Blechkiste, die in das Loch passte. Am Morgen der Taufe wurde sie mit Wasser gefüllt. Weil es aber ein besonders kalter Tag war, mussten viele Kessel heißen Wassers in die Blechkiste geschüttet werden, um das Taufwasser wenigstens so weit zu erwärmen, dass es einigermaßen erträglich war. Zu allem Übel hatte die Kiste auch noch ein Leck. So lief ständig jemand mit einem Kessel heißen Wassers zwischen dem Haus und der Taufkiste hin und her. Dennoch konnte die Taufe stattfinden.

Eine ganze Reihe von Missionaren und Freunden hatte sich dazu eingefunden. Unter ihnen war auch Amy Carmichael, die in Dohnavur an der Südspitze Indiens eine blühende Missionsarbeit ins Leben gerufen hatte. Amy fragte die Mädchen ausführlich nach ihrem Glauben und dem Grund ihrer Taufe. Sie war beeindruckt von den Antworten und sprach mit Charles darüber. Die Taufe endete mit einem Abendmahlsgottesdienst im Haus der Studds.

Das Leben in Ootacamund war für die Familie einfach herrlich, außer für Charles. Das feuchtkühle Klima, das so viele von der Hitze geplagte Menschen anzog, war Gift für Asthmatiker. Zuerst merkte er es kaum, aber langsam war sein Asthma wieder zurückgekommen. Ja, es wurde so schlimm, dass Priscilla in einem Brief ihren Mann als menschliches Wrack beschrieb. Das Kricketspielen musste er aufgeben, und schon die kurze Strecke vom Wohnhaus zur Kirche brachte ihn zum Schnaufen und Keuchen. Er musste schließlich der Tatsache ins Auge sehen, dass er dem Pastorendienst gesundheitlich nicht mehr gewachsen war. Dazu kam die Tatsache, dass bis 1906 drei englische Gouvernanten zur Kindererziehung nach Indien geschickt worden waren und eine weitere nicht gefunden werden konnte. Aufgrund all dessen und infolge seiner zerrütteten Gesundheit fragte er sich: Sollte er nach England zurückkehren? Als Charles darüber betete, merkte er, dass es Zeit war, Indien zu verlassen.

Als Priscilla ihrem Mann an Bord des Ozeandampfers half, hatte dieser keine Ahnung, wie das Leben für ihn weitergehen sollte. Er war jetzt 46 Jahre alt. War dies das Ende seines Missionsdienstes? Würde er sich noch einmal so erholen, dass er die geliebte Missionsarbeit fortsetzen konnte?

KAPITEL 9

Missionare gesucht

Die Familie war wieder in London und lebte im Haus der Mutter. Sie war inzwischen alt geworden. Die Freude an ihren vier lebhaften Enkeltöchtern war leider nur kurz. Charles' Schwester Dora und sein Schwager Willie boten den Studds an, die drei ältesten Mädchen auf eine Schweizer Internatsschule zu schicken. Dort sollten sie eine erstklassige Ausbildung erhalten und mögliche schulische Defizite der Vergangenheit wieder wettmachen. Charles und Priscilla konnten sich mit der Idee anfreunden, und so verließen Grace, Edith und Dorothy ihre Eltern, um auf diese Eliteschule zu gehen.

Jetzt hatte Priscilla weniger Stress im Haus, und Charles konnte sich langsam von seinem Asthma erholen. Sobald es ihm wesentlich besser ging, brach er wieder zu Reise- und Predigtdiensten auf. Es schien, dass ihn einfach jeder haben wollte – Polizeischulen, der CVJM sowie alle möglichen Kirchen und Gemeinden. Charles nahm alle Einladungen – sofern sie in seinen Reiseplan passten – an und forderte im Laufe der nächsten beiden Jahre Zehntausende Leute in Großbritannien heraus, den Ruf des Evangeliums zu hören, ihr Leben Jesus zu geben und Missionare zu werden.

Sogar die säkulare Presse verfolgte seine Aktivitäten, und manchmal lobte sie seine klare und eindeutige Sprache. Eine Veranstaltung in Handsworth beendete Charles mit folgenden Worten:

> Wir heutigen Christen sind eine wirklich feige Bande. Wenn wir auch nur die Hälfte des Feuers und des Enthusias-

> mus der Frauenrechtler hätten, wäre die Welt bereits evangelisiert … Hätten wir den Biss und das Heldenblut der Männer, die die Pole erforschen oder den Mount Everest besteigen oder irgendein anderes waghalsiges Abenteuer eingehen, dann wäre der Name Jesu Christi jedem auf der Erde in weniger als zehn Jahren bekannt. Auf die Knie, Leute, ran an die Bibel! Entscheidet euch jetzt. Wartet nicht länger. Die Zeit rast dahin … hört auf, Fleisch und Blut zurate zu ziehen. Hört endlich auf, euch mit lahmen, lügnerischen und feigen Ausflüchten vor der Herausforderung zu drücken.

Über diese Veranstaltung schrieb eine Zeitung in Birmingham:

> Mr. Studd ist ein Missionar mit Vorbildcharakter. Das fanden auch die College-Studenten aus Handsworth, die dem Mann mit dem roten Schlips, dem schlanken, athletischen Körper und dem jugendlichen Gesicht zujubelten. Nach mehr als zwanzig Jahren im Dienst sprudelt er noch immer über vor Leben und Humor. Anzeichen von Pessimismus und Lauheit sind nicht zu erkennen. Er kennt nur Liebe zu Gott und Gehorsam. Er lehrt, wovon er überzeugt ist. Dabei ist er unerschrocken und bewahrt ein sonniges Gemüt. Mit Spitzfindigkeiten hält er sich nicht auf. Sein Glaube zeugt von Mut, während sein Vortrag Klarheit und Eindeutigkeit erkennen lässt.

Bald wurde Charles so oft um Kopien seiner Predigtmanuskripte gebeten, dass er sie in einem Büchlein mit dem Titel *The Chocolate Soldier*[17] zusammenfasste. Darin forderte er im christlichen Dienst stehende Männer und Frauen auf, bei Schwierigkeiten nicht wie ein Schokoladensoldat an der Sonne zu schmel-

17 A. d. H.: Svw. *Der Schokoladensoldat.*

zen, sondern mit Gottes Kraft weiterzumachen. Das Büchlein wurde sofort ein Erfolg.

Im Gegensatz zu ihrem Vater blühten die Mädchen nicht auf. Sie hatten es 18 Monate in dem Schweizer Internat ausgehalten, bis sie endlich ihren Vater davon überzeugen konnten, dass sie die französische Sprache nie lernen würden. Charles erklärte sich mit ihrer vorzeitigen Rückkehr einverstanden und schrieb sie an einer der besten Mädchenschulen in England ein. Und wieder bezahlten Dora und Willie in großzügiger Weise die Ausbildung für ihre Nichten.

Sooft es ging, versuchte Priscilla, ihren Mann zu begleiten. Dabei kam in beiden der Wunsch auf, wieder als Missionare im Ausland zu arbeiten. Obwohl es äußerst unwahrscheinlich schien, hoffte und betete Charles, dass Gott ihm und Priscilla eine Rückkehr nach China erlauben würde. Er hatte die Lebensläufe der anderen »Cambridge Seven« über die Jahre hinweg verfolgt. 1900 war Cecil Polhill-Turner krankheitsbedingt nach England zurückgekehrt. Montagu Beauchamp war während des Boxeraufstands evakuiert worden und arbeitete jetzt wieder in China. Und Dixon Hoste war nun der Direktor der China-Inland-Mission und damit Nachfolger von Hudson Taylor. Wie gern wäre auch Charles wieder in China gewesen!

Inzwischen war es 1908. Charles war kreuz und quer durchs Land gereist und fragte sich immer noch, was er in Zukunft machen sollte. Sein Herz war in China, aber vielleicht sollte er doch lieber wieder nach Indien zurückgehen. Diesmal aber nicht ins Bergland, sondern in die tiefer gelegenen Regionen, was besser für sein Asthma wäre. Wieder kam es ganz anders.

Aufgrund seiner Vortragstätigkeit war Charles eines Tages in Liverpool. Nach dem Mittagessen ging er auf dem Bürgersteig der Hauptstraße spazieren und entdeckte in einem Schaufenster ein großes Plakat mit der Aufschrift »Kannibalen brauchen Missionare«. »Ja natürlich, kein Zweifel, Missionare geben eine leckere

Hauptmahlzeit ab«, musste Charles lachen. Aber sein Interesse war geweckt, und er wollte wissen, wer das Plakat dort aufgehängt hatte.

Er ging in das Gebäude und wurde zu einem großen Versammlungssaal gebracht. Dort sprach jemand mit einem starken deutschen Akzent. Charles erkannte ihn sofort. Es war Dr. Karl Kumm, der in England als der Missionar, der quer durch Afrika gereist war, Berühmtheit erlangt hatte. Charles nahm den Hut ab und fand hinten noch einen Platz.

»Als ich Afrika halb durchquert hatte«, hörte er Dr. Kumm sagen, »traf ich auf viele Stämme, die noch nie die Geschichte von Jesus Christus gehört hatten. Ich fragte einen der Stammeshäuptlinge, ob er je zuvor einen Weißen gesehen hatte. Er bejahte: Unter ihnen waren Großwildjäger, Händler, Regierungsbeamte und Wissenschaftler, aber keiner von ihnen hatte als Christ ihm je von Jesus erzählt. Ihr lieben Freunde, wir müssen bald gehen. Die Muslime dringen mit ihrem falschen Glauben von Norden her immer weiter nach Süden vor, und niemand ist da, der für Christus den Mund aufmacht.«

Karl Kumms Worte gaben Charles sehr zu denken. Leise betete er: »Herr, warum ist da noch niemand hingegangen?«

Gott schien zu antworten: »Und warum gehst du nicht?«

»Das würden die Ärzte nie erlauben«, setzte er das »innere Gespräch« fort.

»Aber bin ich nicht der Herr, dein Arzt? Kann ich nicht auf dich aufpassen und dich heil durchbringen?«, kam die Antwort.

Dem gab es nichts hinzuzufügen. Schlagartig hatte Charles den klaren Eindruck, dass Gott ihn nach Afrika rief. Es war völlig egal, dass er schon 48 Jahre alt war, eine ruinierte Gesundheit und kein Geld hatte. Irgendwie wusste er, dass er auf den Kontinent gehen sollte, der als Grab des weißen Mannes bekannt war.

Nach der Veranstaltung sprach Charles sofort Dr. Kumm an. Sie schmiedeten Pläne und wollten gemeinsam den Norden Afrikas von Ost nach West durchqueren, um Gottes Wort zu verkündigen und zu schauen, wo man Missionsstationen eröffnen könnte.

Charles kehrte mit dem klaren Ziel, Afrika zu evangelisieren, nach London zurück. Aber dort traf er auf den geballten Widerstand seiner Frau und seiner Mutter. Seine Mutter dachte, sie höre nicht richtig, oder es wäre einer von Charles' Scherzen. Als ihr jedoch klar wurde, dass Charles es ernst meinte, brach sie in Tränen aus und flehte ihn an, doch ein bisschen mehr Rücksicht auf sie zu nehmen.

Priscilla war völlig entsetzt. »Wie kannst du es wagen«, schluchzte sie, »bist du dir im Klaren darüber, dass so ein Einsatz die Familie zerbrechen wird, ganz zu schweigen davon, dass du es da draußen nicht überleben wirst?«

Aber Charles blieb unbeeindruckt. Er war sich sicher, dass Gott ihn gerufen hatte, und nur darum ging es. So war es eine große Enttäuschung, als sein Körper nicht mitspielte und er krank wurde. Als Dr. Kumm an Bord des Schiffes nach Afrika ging, musste er mit hohem Fieber das Bett hüten.

Charles war am Boden zerstört, konnte aber kaum etwas machen. Es fehlte ihm schlichtweg die Kraft, aufzustehen und seine Sachen zu packen. Seine Frau und seine Mutter dagegen umarmten sich freudig. Sie waren sich sicher, dass Gott ihre Gebete erhört hatte.

Im Hause Studd drehte sich nicht alles um Charles' Pläne; es gab auch anderes zu berichten. Dorothy befreundete sich mit Gilbert Barclay, und bald darauf heirateten sie. Sie zogen nach Nordengland, wo Gilbert eine Pastorenstelle antrat. Nur ein Jahr später folgte Grace dem Beispiel ihrer Schwester. Sie heiratete Martin Sutton, einen älteren Witwer, und zog mit ihm auf ein Luxusanwesen mit der Bezeichnung Wargrave Manor.

Als es Charles endlich besser ging, unternahm er wieder Reisen durch Großbritannien und predigte zwei- bis dreimal am Tag.

1910 bekam sein Glaube auf der Weltmissionskonferenz im schottischen Edinburgh einen neuen Schub. John R. Mott war einer der Sprecher dieser Konferenz. Als junger Mann war er durch eine Evangelisationsveranstaltung von Kinny Studd in den USA zum Glauben gekommen und gehörte jetzt dem Christlichen Studenten-Weltbund an. Eine von Johns Ansprachen hatte die Überschrift »Der ganzen unevangelisierten Welt das Evangelium bringen«. Johns Worte trafen Charles mitten ins Herz, und sein Eindruck wurde noch verstärkt, als Karl Kumm das Rednerpult betrat. Dieser war gerade aus Afrika zurückgekommen und forderte seine Zuhörerschaft erneut heraus.

Mit allem Ernst und aller Kraft schilderte er die Lage: »Dort gibt es 26 verschiedene Stämme, die noch nicht evangelisiert sind – die kleinsten haben fünftausend, die größten zwei Millionen Angehörige. Ihre Siedlungsgebiete liegen in den Grenzregionen Zentralafrikas. Sie stehen der Ausbreitung des Islams nach Süden im Wege. Es wird für uns eine ewige Schande sein, wenn sich diese Menschen dem Islam zuwenden, nur weil kein christlicher Missionar zu ihnen gekommen ist.«

Da war es wieder. Charles verspürte deutlich Gottes Ruf nach Afrika.

Aufgrund der Ansprachen wurden noch viele andere veranlasst, aktiv zu werden. Am Ende der Konferenz bildete sich ein Komitee, das aus einer Gruppe christlicher Geschäftsleute bestand. Es beschloss, Missionare, die unerreichte Stämme in Afrika evangelisieren wollten, finanziell zu unterstützen. Das Komitee versprach, die Ausreise von Charles mit Dr. Kumm zu finanzieren, allerdings unter einer Bedingung: Er musste tropentauglich sein.

Jetzt ging alles ganz schnell. Die Reisepläne wurden ausgearbeitet, und das Abfahrtsdatum wurde festgelegt. Doch als der geplante Termin näher rückte, schob Charles den medizinischen Test immer weiter hinaus, bis ihn das Komitee dazu zwang. Das

Ergebnis war niederschmetternd. Der Arzt meinte, Charles könne wohl bis nach Khartum in Nordafrika reisen, aber auf keinen Fall südlicher. Der Sudan galt als Region, die von Malaria verseucht und von der Schlafkrankheit heimgesucht war. Charles war nicht bereit zu versprechen, dort seine Reise zu beenden, sodass das Komitee seine Unterstützung zurückzog.

Aber Charles' Entschluss stand fest. Wenn es keine andere Möglichkeit gab, würde er allein losziehen und die Gebiete ausfindig machen, die noch Missionare brauchten. Auf der nächsten Sitzung des Komitees erklärte Charles: »Meine Herren, Gott hat mich gerufen, und ich werde gehen. Ich werde eine Schneise durch den Urwald schlagen. Es kann gut sein, dass mein Grab nur ein Trittstein ist, auf den nachkommende Missionare treten können. Jesus sagt uns: ›Wer … sein Leben verlieren wird um meinet- und des Evangeliums willen, wird es erretten.‹ Und wenn ich mein Leben in der Nachfolge Jesu lasse, dann ist es eben so.«

Drei Wochen blieben Charles noch, bis sein Schiff nach Afrika die Anker lichten sollte, aber er hatte kein Geld für die Überfahrt. Er sagte niemandem, dass das Komitee seine Unterstützung zurückgezogen hatte. Trotzdem setzte er seine Abschiedstour in dem Glauben fort, dass Gott andere Quellen auftun würde. Zwei Wochen vor der Abfahrt sprach er bei einer Versammlung der Linacre Mission in Liverpool. Wie immer sah er davon ab, eine Geldsammlung für seine Arbeit durchzuführen. Aber nach der Versammlung kam ein Fremder auf ihn zu und drückte ihm eine Zehnpfundnote in die Hand. Das reichte noch nicht für die Überfahrt nach Afrika, aber es war ein Anfang. Während der beiden nächsten Wochen kam noch mehr Geld aus Quellen, mit denen er nie gerechnet hätte, zusammen. Schließlich hatte er den Betrag, den er brauchte.

Priscilla und seine Mutter waren über die geplante Reise immer noch ziemlich verstimmt, aber sie hatten sich in den vergangenen zwei Jahren, seit er erstmals davon gesprochen hatte, ein wenig an den Gedanken gewöhnen können. Charles erinnerte seine Frau an das Eheversprechen, das sie sich vor 22 Jahren am Tag ihrer Hochzeit gegeben hatten: »Wir werden einander nie behindern, dir, Gott, zu dienen.« Er erklärte seiner Frau so liebevoll, wie es ging, dass Gott ihn nach Afrika gerufen hatte und er diesen Ruf nicht einfach ignorieren konnte. Er erklärte ihr auch, dass sie wegen der vielen Gefahren, die vor ihm lagen, nicht mitzukommen brauchte. Die Reise war schon schwierig genug für eine kränkliche Person, aber mit zwei Kranken würde die Reise keinen Sinn mehr ergeben. Charles brauchte die Freiheit, um sich so zu bewegen, wie Gott es ihm zeigte.

Am 15. Dezember 1910 legte die *Warwickshire* mit Reiseziel Afrika und Charles an Bord ab. Es war ein kalter, düsterer Tag, und Charles ging es gar nicht gut. Der Abschied von zu Hause war extrem schwierig gewesen. Er hatte keine Ahnung, ob oder wann er seine Familie wiedersehen würde.

Nachdem er in den Salon gegangen war, setzte er sich an einen Tisch und bat um Gottes Trost angesichts der Atmosphäre, die während des Abschieds von seiner Familie geherrscht hatte. Als er betete, kam ihm ein höchst ungewöhnlicher Gedanke: ›Bei dieser Reise geht es nicht nur um den Sudan, sondern um die ganze unevangelisierte Welt.‹

Charles schüttelte den Kopf. Das schien doch lächerlich, dass ein 50-jähriger Mann auf dem Weg in den Sudan ohne große Unterstützung und ohne Mitarbeiter den Lauf der Missionsgeschichte ändern sollte! Aber er konnte die Worte auf der ganzen Reise nicht mehr vergessen. Sie waren wie in seine Seele eingebrannt.

Charles schrieb Priscilla von jedem Hafen aus, in dem das Schiff vor Anker ging. Ihm war bewusst, dass seine Frau ein riesiges Opfer gebracht hatte, und er hoffte inständig, dass die freudige Vorwegnahme der zu erwartenden Ergebnisse dieser Reise ihr darüber hinweghelfen würde. Am 20. Dezember nahm er seine Schreibutensilien mit, als er in den Salon ging, und verfasste einen Brief an Priscilla:

> Gott hat mir irgendwie gezeigt, dass mein ganzes bisheriges Leben eine Vorbereitung für die nächsten zehn oder mehr Jahre war. [Die Menschen in den Versammlungen sehen nur einen strahlenden Missionar.] Du aber weißt, es war eine unglaublich harte Schule. Ein einziger Kampf. Das Asthma – ein Sterben Tag und Nacht! Mein schwacher Körper! Die Verachtung vonseiten der Leute! Die Armut! Und die Versuchungen. Ach, wie oft war ich versucht, einfach aufzugeben und die Arbeit für Christus um der Ärzte, der Verwandten, der Familie und der Mitchristen willen zu beenden.

Für ein paar Minuten sah er auf den stahlgrauen Horizont. Dann schrieb er weiter:

> Mir geht vieles durch den Sinn, und immer, wenn ich mich hinlege, spricht Gott zu mir und schenkt mir die Gewissheit, dass er ein großartiges Werk tun wird. Priscilla, Liebling, erinnerst du Dich an die Situation in Schanghai? Diese Tage werden wiederkommen, aber viel größer und schöner. Oh, das Anliegen zur Evangelisierung der Unerreichten brennt in mir. Bitte versteh mich, es muss sein.

Als das Schiff dann im Januar der Küste Afrikas näher kam, schrieb Charles seiner Frau einen weiteren, sehr persönlichen Brief:

> Lass uns jetzt, wo wir älter geworden sind, die Hingabe an Jesus erneuern. Er hat 24 Jahre lang so viel für uns getan. Er hat uns Kraft gegeben und die Mädchen am Leben erhalten. Er hat sie gerettet. Gott gebe es uns als Geschenk für die Silber-

hochzeit, dass wir diese herrliche Arbeit für ihn in Afrika tun dürfen … Sieh es so: Selten haben Menschen in einem Leben die Möglichkeit, alles zweimal zu verlassen, aber dieses Vorrecht wird uns zuteil. Lass es uns mit beiden Händen ergreifen.

KAPITEL 10

Endlich Afrika

Die *Warwickshire* ging in Port Sudan[18] vor Anker, und Charles konnte es nicht erwarten, nach möglichen neuen Orten für Missionsstationen zu suchen. Von hier aus machte er sich auf den Weg nach Khartum, wo er bei einer christlichen Familie unterkommen konnte. Karl Kumm hatte die Verbindung hergestellt. Hier begann er, Karten und Informationen über den Sudan zu sammeln. Er nahm sich das etwa 4000 Kilometer breite Gebiet südlich der Sahara zwischen dem Niger im Westen und dem Nil im Osten vor. Er verbrachte die Tage damit, dass er sich über teilweise ungenaue Landkarten beugte und Gemeindeleiter in Khartum besuchte, um herauszufinden, wie viele Missionsstationen und Gemeinden es im Sudan genau gab.

Nach sechswöchiger Vorbereitung konnte es schließlich losgehen. Charles hatte Bischof Gwynne, der der Church Mission Society (CMS) angehörte, als Reisebegleiter gewinnen können. Gemeinsam brachen sie in den südlichen Sudan auf. Ihr Plan bestand darin, vom Ausgangspunkt Khartum aus in die etwa 1400 Kilometer entfernte Region Bahr al-Ghazal im Südwesten des Landes zu reisen. Zehn Lastenträger und 29 Esel hatten sie für den Transport des Proviants angeheuert. Im südlichen Sudan stieß Archidiakon Shaw zu ihnen, der ebenfalls für die CMS arbeitete.

---

18 A. d. H.: Obwohl hier in der Originalausgabe Mombasa erwähnt wird (und anschließend Nairobi als Reisestation erscheint), belegen andere Quellen, dass Studd in Port Sudan an Land ging und dann nach Khartum reiste (was auch in geografischer Hinsicht viel sinnvoller ist). So nimmt z. B. Studds Schwiegersohn Norman Grubb in seiner Studd-Biografie auf ebendiese Reiseroute Bezug. Dazu kommt, dass Bischof Gwynne, der im folgenden Abschnitt erwähnt wird, im Sudan und nicht in Kenia wirkte.

Es war Regenzeit, und darum ging es nur langsam voran. Jedes Mal, wenn sie Stämme fanden, die das Evangelium hören wollten, verkündigten sie es ihnen. Gleichzeitig machten sie genaue Reisenotizen über Land und Leute. Doch je länger sie unterwegs waren, konnte sich Charles irgendwie des Eindrucks nicht erwehren, dass sie eine falsche Region bereisten. Die Gebiete, durch die sie kamen, waren nur dünn besiedelt, und er gelangte immer mehr zu der Überzeugung, dass die Church Mission Society das ganze Gebiet des Bahr al-Ghazal mit etwas Anstrengung selbst evangelisieren konnte und ihn nicht gar nicht brauchte.

Charles fragte sich ernsthaft, wo denn die Massen ungeretteter Afrikaner, von denen er so oft gehört hatte, wohnten. Entlang der Reiseroute erkundigte er sich immer wieder nach ihnen, bis ihm klar wurde, dass seine Zielgruppe woanders, nämlich weiter südlich und südwestlich in Belgisch-Kongo, lebte. Hier gab es den Berichten zufolge Millionen von Menschen, die noch nie das Evangelium gehört hatten. Noch bevor die kleine Reisegruppe ihre Erkundungstour durch den Bahr al-Ghazal abgeschlossen hatte, wusste Charles, dass er zukünftig im Kongo arbeiten würde.

Nach zehn Wochen waren sie wieder zurück in Khartum. Nur wenige Esel hatten die Expedition überlebt, von den Trägern hatten sich einige unterwegs aus dem Staub gemacht. Aber Charles war glücklich. Die ganze Zeit über waren in gesundheitlicher Hinsicht keine neuen Probleme aufgetreten, was er als Gottes Zeichen nahm, eine Missionsarbeit in Belgisch-Kongo zu beginnen. Zuerst wollte er jedoch nach England zurückkehren, um eine Gruppe neuer wagemutiger Missionare zu gewinnen, die es ihm gleichtaten und mit nach Afrika kamen. Wie so oft lief es anders als geplant. Unmittelbar nach seiner Ankunft in Khartum erkrankte er schwer an Malaria. Acht Wochen musste er das Bett hüten, bevor er die Rückreise nach England antreten konnte.

Als Charles in England ankam, war er immer noch schwach, und fast alle kritisierten ihn für seine Expedition. Er brauchte beinahe den ganzen Sommer 1911, um wieder zu Kräften zu kommen. Er war körperlich noch immer schwach und angeschlagen, aber sein Geist arbeitete auf Hochtouren.

Charles hatte stets ein Notizbuch und einen Bleistift dabei, und langsam zeichneten sich darin die Grundlinien einer neuen, ganz anderen Missionsgesellschaft ab. Er hatte den Eindruck, dass es genügend Missionswerke gab, die »normale« Missionare aussandten. Er wollte dagegen eine Gruppe von jungen Männern motivieren und ausbilden, die in die gefährlichsten Gegenden der Welt gingen und dabei nicht zuerst an ihre persönliche Sicherheit dachten. Der gemeindliche und kirchliche Hintergrund sollte keine Rolle spielen – es sollten Männer sein, die als Vorkämpfer eine Schneise für den Glauben schlugen und denen andere Missionsgesellschaften folgen konnten. Charles fing an, ein Leitbild für diese Mission zu entwickeln:

> Zu diesem Zweck haben wir uns unter dem Namen »Christ's Etceteras«[19] zusammengeschlossen. Wir laden andere, die ebenfalls zum Volk Gottes gehören, ein, sich uns bei dieser wunderbaren Aufgabe anzuschließen. […] Wir sind Gott dankbar für alle christliche Arbeit, die an vorderster Front schon geschieht, und freuen uns darüber. Doch wir wollen nur um jene Gebiete kämpfen und sie für Christus gewinnen, in denen die Macht des Teufels noch nicht gebrochen ist und die am schwierigsten zu erreichen sind. Wir wollen den unerledigten Auftrag vollenden und eine vereinte Mission sein – eine christliche und darum internationale Gemeinschaft, ein weltweiter Evangelisationskreuzzug.

19 A. d. H.: Aufgrund des Anliegens, das C. T. Studd in der gleichnamigen Abhandlung inhaltlich verfolgte, könnte man diese Bezeichnung frei mit »Die den unerledigten Missionsauftrag zu Ende führen« wiedergeben.

Sobald es Charles besser ging, begann er, seine Ideen umzusetzen. Er hatte beschlossen, der neuen Mission den Namen »Heart of Africa Mission«[20] (H. A. M.) zu geben. Charles freute sich, als er merkte, dass die englische Öffentlichkeit den Lebensweg ihres ehemaligen Spitzensportlers immer noch mit Interesse verfolgte, und wie früher kamen große Menschenmengen zusammen, wenn er irgendwo sprach.

Bei diesen Veranstaltungen hatte er nur ein Thema für seine Zuhörer: »500 Millionen Heiden haben nach derzeitigen Berechnungen das Evangelium noch nicht gehört«, sagte er ihnen. »Das Innere Asiens und Afrikas sowie fast der gesamte südamerikanische Kontinent sind vom Evangelium Jesu Christi unberührt. Wir singen laut ›Vorwärts, Christi Streiter, auf zum heilgen Krieg‹, aber dann ...? Und dann ...? Dann flüstern wir leise: ›Bitte ohne mich.‹ Was für erbärmliche Weichlinge und Heuchler sind wir doch! Wir haben lange genug darauf gewartet, dass jemand anders geht. Die Zeit des Wartens ist vorbei. Gottes Stunde ist gekommen. Der Krieg ist erklärt. Hat Jesus selbst uns nicht versprochen, dass die Pforten des Totenreichs die Gemeinde nicht überwinden werden? Was gibt es da noch zu fürchten? Wir müssen es der Welt und der ganzen schläfrigen, lauwarmen, glaubenslosen und windelweichen Christenheit zeigen, dass wir unserem Gott allein vertrauen und alles für ihn einsetzen.«

Die zahllosen Veranstaltungen hatten zur Folge, dass sich 24 junge Männer für die Missionsarbeit in Belgisch-Kongo meldeten und Charles dorthin begleiten wollten. Unter den Freiwilligen war ein junger Mann namens Alfred Buxton, dessen Vater Barclay überhaupt nicht mit der Ausreise einverstanden war. Charles und Barclay waren alte Freunde und kannten sich seit ihrem Studium in Cambridge. Auch Barclay entstammte einer wohlhabenden Familie. Er hatte alle in seinem Umfeld schockiert, als er mit

20 A. d. H.: »Mission im Herzen Afrikas«.

seiner Frau, einem Schreiner und zwei Hausmädchen 1890 nach Japan ausgereist war, um dort eine Missionsarbeit zu beginnen, die als »Japan Evangelistic Band« bekannt wurde. Inzwischen war Barclay wieder in England, unterstützte aber immer noch Mitarbeiter seiner Japan-Mission.

Barclays zweiter Sohn Alfred war 20 Jahre alt, groß gewachsen und schlank. Er studierte Medizin in Cambridge. Zudem war er mit Edith Studd, Charles' Tochter, befreundet. Als Alfred hörte, was Charles sagte, war er sofort Feuer und Flamme. Er wollte als Missionar nach Afrika gehen und gleich mit Charles aufbrechen, aber seine Eltern hielten das für ein Himmelfahrtskommando. Der Vater war strikt gegen eine Ausreise. Alfred war frustriert, und das Verhältnis zwischen Barclay und Charles kühlte sich merklich ab. Trotzdem war Alfred nach wie vor der Überzeugung, dass er sich aufmachen sollte. Schließlich gab Barclay widerwillig nach, obwohl es ihm auch weiterhin überhaupt nicht schmeckte, dass sein Sohn das Medizinstudium abbrach, um sich in ein so gefährliches Abenteuer zu stürzen.

Alfreds Vater war nicht der Einzige, der Charles' Pläne für verrückt hielt. Priscilla und die Mädchen protestierten energisch gegen eine Rückkehr nach Afrika. Priscilla war besonders frustriert: »Während du in Afrika umherreist, bin ich für den Rest meines Lebens im Haus deiner Mutter gefangen«, warf sie ihm vor. Charles betete für die verfahrene Situation, und ihm wurde klar, dass sie ein eigenes Haus in London kaufen sollten, in dem die Familie leben könnte, solange er in Afrika war. Schon bald hörte Charles von einem freien Haus in der Highland Road 17 im Londoner Stadtteil Norwood. Er schaute es sich an und fand Gefallen daran. Es war bescheiden, passte zu seiner Frau und war vor allem ein Schnäppchen. Charles lieh sich das Geld und kaufte es. Priscilla war überglücklich, endlich ihr ersehntes eigenes Zuhause zu haben. Mit freudigem Eifer möblierten und bezogen die Studds die Zimmer.

Jetzt fühlte Charles sich frei, nach Afrika zu reisen und den Weg für die jungen Männer zu bahnen, die in Cambridge studiert hatten und sich ihm anschließen wollten. Drei von ihnen warteten schon in Mombasa auf ihn. Alfred sollte Charles auf der Reise nach Kenia begleiten.

Den Abend vor der Abreise im Januar 1913 verbrachte Charles zu Hause. Am nächsten Morgen sollten er und Alfred das Schiff besteigen. Nach dem Abendessen kam noch ein junger Mann vorbei, um sich von Charles zu verabschieden. Während sie sprachen, wurde der junge Besucher immer aufgeregter und rief:

»Sie sind 52 Jahre alt. Wie können Sie Ihr Land, Ihr Zuhause, Ihre Frau und Ihre Töchter verlassen?«

Charles hielt einen Moment inne und antwortete ihm: »Wenn Jesus Christus Gott ist und für mich starb, dann kann mir kein Opfer für ihn zu groß sein.«

Er hatte recht mit diesem Satz. Bevor er in dieser Nacht zu Bett ging, schrieb er ihn in sein Notizbuch. Alles aufzugeben, ergab Sinn, wenn man die Dinge aus der Perspektive der Ewigkeit ansah.

Am nächsten Morgen gingen Charles und Alfred an Bord des Schiffes. Sie waren ein ungleiches Paar, in dem der eine nach Meinung der meisten für so eine gefährliche Missionsreise zu alt war und der andere dafür zu jung aussah.

Es war ein schmerzhafter Abschied, besonders für Edith Studd, die sich in der Woche zuvor mit Alfred verlobt hatte.

Gleich am ersten Abend auf See schrieb Charles seiner Frau in der Abenddämmerung einen Brief:

> Ich habe mich so danach gesehnt, Dir noch einmal Lebewohl zu sagen und Dich zu küssen, habe es aber nicht gewagt. Mir kamen die Tränen, als ich an Deine Tränen dachte, und dann Freudentränen, weil er – der große Tröster – mir vor Augen stand. Wir wollen ihm schon jetzt danken für das, was er tun

> wird – nicht nur mit unseren Lippen, sondern mit unserem Leben. Mir ist völlig bewusst, dass Du den größeren Preis bezahlst. Ich habe noch nicht gewagt, Dir das zu sagen. Aber Schatz, ich bewundere Dich und werde es immer tun … Ich habe Gottes Kraft nie stärker erlebt als während jener Tage in Schanghai. Ja, wir starten jetzt wie die »Cambridge Seven« damals. Leb wohl, mein Schatz Priscilla. Als wir den Dienst gemeinsam begannen, haben wir alles für Gott riskiert, und so wollen wir ihn auch beenden – einander sehr lieben, aber weniger, als wir Jesus lieben.

Die Überfahrt nach Kenia verlief ohne Zwischenfälle, und die beiden erreichten Afrika guter Dinge. Doch kaum waren sie an Land, fingen die Probleme an. Die drei neuen Missionare, die schon nach Mombasa vorausgereist waren hatten ernsthafte Zweifel an einer Mission mit Charles im Kongo bekommen. Viele Gläubige in Kenia hatten ihnen davon abgeraten. Sie fanden seine Pläne blauäugig und meinten, er selbst sei viel zu schwach für ein Leben in Afrika.

Das war eine herbe Enttäuschung für Charles, der fest davon ausgegangen war, dass sie als starke Fünfertruppe in den Kongo reisen würden. Nun fragte er sich, ob es vielleicht besser war, die Arbeit nur mit Alfred fortzusetzen. Wenn Charles sah, wie Alfred sich mit den drei anderen Männern unterhielt, hatte er heimlich Angst, dass auch Alfred noch abspringen würde.

Aber Charles hatte Alfred unterschätzt. Dieser wusste genau, was in Charles' Kopf vorging, und teilte ihm kurzerhand mit: »Charles, wir sind auf der langen Reise nach Afrika gute Freunde geworden. Ich habe mit den drei anderen gesprochen und mir ihre Einwände und Bedenken angehört. Sie haben mich nicht überzeugt. Ich habe mich entschieden, mit dir in den Kongo zu gehen.« Charles freute sich ungemein, und doch wollte er nicht länger warten, sondern schnell aus Mombasa abreisen, damit

Alfred seine Meinung nicht noch änderte. So kaufte Charles kurz entschlossen Proviant, Reise-Utensilien und zwei Fahrräder. Sie verabschiedeten sich von den drei jungen Männern und brachen zu einer langen Reise auf, zunächst mit der Bahn. Ihre erste Station war Nairobi. Von dort ging es weiter Richtung Westen zum Victoriasee. Dann setzten sie per Dampfschiff die Reise fort. Im Anschluss daran ging es auf dem Landweg zur nächsten Station ihrer Reise, und schließlich fanden sie ein Auto, das sie über abenteuerlichste Straßen bis zur kleinen Missionsstation Masindi in Uganda mitnahm.

Die weite Reise hatte ihren Tribut gefordert und ließ Charles und Alfred völlig ausgelaugt auf der Missionsstation der CMS ankommen. Da es kein freies Zimmer im Missionshaus gab, mussten sie notgedrungen ihr Zelt im Garten aufschlagen. Vor dem Zelteingang, der nach Westen hin lag, breitete sich ein großes Gebiet aus, für das es keine genauen Karten gab und das von Löwen, Schlangen und Kannibalen bevölkert war. Fünf Jahre zuvor hatte Charles in Liverpool das Plakat »Kannibalen brauchen Missionare« zum ersten Mal gesehen. Der Erfüllung dessen, wonach er sich damals und in der ganzen Zeit seither gesehnt hatte, war er jetzt näher als je zuvor.

Am nächsten Morgen wachte Charles frisch und munter auf. »Auf, auf zu neuen Taten«, rief er, als er versuchte, Alfred aufzuwecken. Erschrocken stellte er fest, dass Alfred über Nacht hohes Fieber bekommen hatte und zu schwach zum Aufstehen war. Also schlüpfte Charles in die Rolle des Krankenpflegers und fütterte ihn fürsorglich. Er kümmerte sich um ihn und war an seiner Seite. Seit sie nach Afrika gekommen waren, hatte sein junger Freund viel Gewicht verloren, und Charles begann, sich Sorgen zu machen. Außerdem war da die nagende Stimme in seinem Kopf, die sagte: ›Wir sind immer noch in Britisch-Ostafrika. Wie wird das erst, wenn wir die richtigen Fiebergebiete erreichen?‹ Darauf wusste Charles keine Antwort.

Sie waren gerade drei Tage auf der Missionsstation, als ein Telegramm für Alfred eintraf. Es kam von seinem Vater aus London und war ihm aus Mombasa weitergeleitet worden. ›Hoffentlich eine Ermutigung, die Kraft für die Weiterreise gibt‹, dachte Charles, während Alfred die Zeilen las. Aber Alfred blieb die Spucke weg, als er die Kurznachricht seines Vaters las. Er und Charles hatten mit allem gerechnet, nur nicht mit so einer Hiobsbotschaft. Alfreds Vater erklärte klipp und klar: »Eurer Weiterreise nur zu zweit in das Innere Afrikas stimme ich nicht zu.«

Charles konnte es nicht glauben. Nur wenige Meter von Belgisch-Kongo entfernt, und dann so ein deutliches Nein. Sollte dies das Ende seiner Reise sein?

KAPITEL 11

Mittagessen mit den Kannibalen

Bevor er seinen Mund wieder öffnete und womöglich das Falsche sagte, stöhnte Charles nur und verließ schnell das Zelt. Er wollte Alfred nicht überreden weiterzumachen. Was ihn betraf, war er bereit, Krankheit, wilde Tiere und feindlich gesonnene Einheimische zu ertragen. Er wollte das aber nicht von jemandem anders verlangen. Entschied Alfred sich jetzt, nach Nairobi zurückzukehren, dann war es eben so. Die Situation wurde noch dadurch erschwert, dass Alfred nicht irgendein Reisegefährte, sondern der Sohn seines guten Freundes und der Verlobte seiner Tochter war.

›Ich werde warten und für Alfred beten, dass Gott ihm seinen Weg ganz klarmacht‹, sagte sich Charles, als er das Zelt verließ.

Am nächsten Morgen war Alfred fieberfrei, und es ging ihm wesentlich besser. In seinen Augen spiegelte sich Entschlossenheit. »Ich habe meine Entscheidung getroffen«, teilte er Charles mit. »Wir werden weitermachen, was auch immer kommen wird.«

»Bist du ganz sicher, dass dieser Entschluss von Gott ist?«, bohrte Charles nach.

»Ja«, erwiderte Alfred. »Ich habe die halbe Nacht über Psalm 105 nachgedacht, Hör doch mal, was hier steht: ›... als sie ein zählbares Häuflein waren, nur wenige und Fremde darin. Und sie wanderten von Nation zu Nation, von einem Reich zu einem anderen Volk. Er ließ keinem Menschen zu, sie zu bedrücken, und ihretwegen strafte er Könige: *Tastet meine Gesalbten nicht an, und meinen Propheten tut nichts Böses!*‹ Charles, ich glaube, wenn wir zusammen weitermachen, wird Gott auf uns achtgeben. Die Zeit ist überreif, dass das Evangelium nach Zentralafrika kommt, und ich will dabei sein.«

Charles wischte sich eine Träne aus dem Auge. »Danke für deine Treue, mein Junge«, sagte er. »Dann ist die Sache klar. Sobald du wieder gesund bist, werden wir zu einer Dreitagereise zum Albertsee aufbrechen.«

Aber in dieser Nacht erlitten sie einen weiteren Rückschlag. Als einer ihrer Träger nichts ahnend eine Kerze anzündete, blies ein plötzlicher Windstoß die Flamme gegen das Stoffzelt, das sofort Feuer fing. Charles hörte ein lautes Zischen und sah das Zelt in Flammen. Er sprang auf und schrie laut: »Weg vom Zelt!« Dann konnte er nur noch hilflos zusehen, wie die Flammen das Zelt samt Inhalt verzehrten.

Am nächsten Morgen betrachtete Charles den Aschehaufen und fragte sich, ob sie nicht lieber umkehren und neue Vorräte besorgen sollten. Bestimmt schob Charles den Gedanken beiseite, denn das Wort *Rückzug* war nicht Teil seines Wortschatzes. Nein, sie würden mit kleineren Zelten und dem Rest ihrer Habseligkeiten weiterziehen. Gott würde sich um alles Übrige kümmern und sie nicht im Stich lassen.

Als die Gruppe am nächsten Morgen loszog, hatten die Träger deutlich weniger zu schleppen. Drei Tage Fußmarsch in westliche Richtung würde sie zum Ostufer des Albertsees bringen. Als die Männer den See erreicht hatten, nahm Charles die Mütze ab und sah in diesiger Ferne am jenseitigen Seeufer das ersehnte Land, Belgisch-Kongo. Er fühlte sich wie Josua vor der Einnahme des Gelobten Landes. Ein überwältigendes Gefühl der Dankbarkeit überkam ihn. Gott hatte für Gesundheit und Kraft gesorgt, Alfred war treu bei ihm geblieben, und die Menschen in England hatten Geld gegeben und gebetet, dass dieser Moment wahr wurde. Auch für Alfred war es ein bewegender Augenblick.

Alfred schloss zu Charles auf und genoss ebenfalls den Anblick. Dann sanken beide auf die Knie, und Charles betete: »Vater, wir gehören dir. Hilf, dass die Einwanderungsbehörde uns wohlgesonnen ist und dass wir gut ins Land kommen. Zeig uns, wohin wir gehen sollen, leite unsere Schritte.«

Als sie wieder aufgestanden waren, fragte Charles seinen Freund, ob er Französisch spreche.

»Etwas Schulfranzösisch«, gab dieser zögerlich zurück.

»Das sollte reichen«, lachte Charles. »Ich habe von vielen gehört, dass die Belgier keine Engländer durch ihr Gebiet lassen, aber wenn sie dein Französisch hören, dann heißen sie uns wahrscheinlich willkommen und lassen uns passieren.«

Die Nacht verbrachten die Männer am Seeufer. Weil ihre Essensvorräte langsam zur Neige gingen, gab es nur Haferbrei zum Abendessen. Sie waren noch nicht ganz fertig, als ein Weißer in einem Kanu herangepaddelt kam. Er sah wie ein Händler aus.

»Hallo, die Herren, Hall mein Name. Seid ihr Briten?«

»Ja, gewiss«, erwiderte Charles. »Setzen Sie sich doch zu uns.«

Der Händler zog sein Kanu auf die Sandbank und kam näher. Er hielt eine Schnur mit Fischen in der Hand. Es dauerte nicht lange, da hatten die Fische ihren Weg ins Feuer gefunden, und Hall plauderte mit seinen Landsleuten.

»Ich bleibe nur auf der britischen Seite des Sees«, meinte er, »und wenn Sie auch nur ein bisschen Vernunft haben, machen Sie es genauso.«

»Warum das denn?«, wollte Alfred wissen.

Hall lachte ihn an: »Ich bin schon zu lange hier und habe zu viel gesehen, als dass ich mich je nach Belgisch-Kongo wagen würde. Im vergangenen Monat haben Einheimische einen englischen Abenteurer ausgezogen, verprügelt und dann über den See zurückgeschickt. Er kam mehr tot als lebendig hier an. Aber er hat sich wieder erholt. Nicht so wie der Elefantenjäger, dem man mit einem Giftpfeil in die Schulter geschossen hatte. Er liegt da drüben im Dschungel begraben. Nein, nein, wenn Sie in den Kongo hineingehen, werden Sie nicht wieder lebend herauskommen.«

»Ganz im Gegenteil, die Dschungelbewohner werden unsere Fahrräder so interessant finden, dass sie uns kein Haar krümmen werden«, sagte Charles und zeigte auf ihre Räder.

»Was, Fahrräder?«, entfuhr es dem Händler, »das kann doch nicht Ihr Ernst sein. Sie wollen doch nicht etwa auf Fahrrädern durch den Urwald?«

»Doch natürlich, wir werden radeln, und wenn sie uns nicht tragen, dann tragen wir sie«, entgegnete Charles.

»Das reicht, ich habe genug gehört«, resignierte Hall, »ich hoffe, Sie beide haben wenigstens Ihr Testament gemacht. Sie werden es brauchen können.«

»Wir sind in Gottes mächtigen Händen«, erklärte ihm Charles. »Seinetwegen sind wir hier, er wird auf uns achtgeben.«

Hall gab auf. »Dann nehmen Sie morgen also das Dampfboot für die Überfahrt, um anschließend nach Mahagi weiterzureisen?«

»Ja, so ist es geplant«, antwortete Alfred. »Wir haben gehört, dass Missionare einer anderen Organisation dort ein Camp aufgeschlagen haben. Von denen brauchen wir noch Informationen. Aber unser eigentliches Ziel ist Dungu.«

Hall pfiff durch die Zähne und verstand die Welt nicht mehr: »Lieber Sie als ich.«

Diese Nacht schlief Charles gar nicht gut. Wind und Regen schlugen gegen die Zeltplane, und die Worte des Händlers kreisten in seinem Kopf herum. Er hatte schon recht: Mit den Augen der Vernunft betrachtet, war ihr Plan, in den Kongo zu gehen, ein reines Himmelfahrtskommando, aber Charles weigerte sich, ein Schokoladensoldat zu sein, der in der Hitze schmolz. Wenn Gottes Auftrag ihn das Leben kostete, dann sollte es so sein.

Am nächsten Tag bauten die beiden Männer das Zeltlager ab und nahmen den Dampfer über den Albertsee. Die meiste Zeit betete Charles inständig, dass die belgische Einwanderungsbehörde sie ins Land ließ. Seine Gebete wurden erhört. Obwohl sie nur eine Zweimanngruppe ohne weitere Expeditionsgefährten waren, erhielten er und Alfred die nötigen Einreisepapiere.

»Viel Glück weiterhin«, rief einer der Zollbeamten, »das werden sie brauchen können. Ach, und noch etwas: Beten Sie, dass Sie den Angehörigen des Balenda-Stamms nicht in die Quere kommen. Die befinden sich gerade im Aufstand und verspeisen vermutlich umgehend jeden Weißen, der ihnen über den Weg läuft.«

»Vielen Dank«, sagte Charles und nahm rasch seine Papiere an sich. Das reichte ihm an schlechten Neuigkeiten.

Die Reise nach Westen begann angenehm. Nach einem Zwischenstopp in Mahagi wollten sie in der etwa 130 Kilometer entfernten Ortschaft Kilo den nächsten Halt einlegen. Die Fahrräder erwiesen sich als sehr nützlich. Mit ihnen ging es wesentlich schneller als zu Fuß; außerdem schonten sie so ihre Füße. Der Nachteil war, dass sie bei ihrer Schnelligkeit schon nach zwei Tagen ihre Träger verloren hatten.

An einer unbekannten Weggabelung wussten sie nicht weiter. Charles und Alfred entschieden sich dafür, in Richtung Westen weiterzugehen, denn dort sollte Kilo liegen, die andere Spur führte mehr nach Norden. Leider war das verkehrt. Schon bald verlief sich der Pfad, und die Männer hatten sich hoffnungslos im dichten afrikanischen Dschungel verirrt.

Das Einfachste war, den Weg zurückzugehen. Dabei stolperten sie in dem dampfenden Dickicht über riesige Baumwurzeln, während die Affen über ihre Köpfe hinwegturnten. Doch obwohl sie versuchten, den Rückweg zu finden, gerieten sie nur noch tiefer in den Dschungel hinein. Komplett desorientiert und schrecklich hungrig sahen sie eine Lichtung. Sie traten aus dem dunklen Urwald in die gleißende Sonne. Charles schaute nach oben, vielleicht konnte ihnen eine Wolke, die Flugroute eines Vogels oder sonst irgendetwas helfen, die Orientierung wiederzuerlangen. Aber nichts. Sie hatten den Pfad verloren.

Jetzt kamen Charles und Alfred all die Warnungen der anderen Europäer in den Sinn. Zugleich hatten beide das unbestimmte Gefühl, beobachtet zu werden. Charles fuhr ein Kälteschauer über den Rücken, als er in den dichten Dschungel um sie herum blickte. Hier auf der Lichtung konnte man sie aus dem dunklen Dschungel bestens beobachten.

Dann hörten sie ein Blätterrascheln hinter sich. Blitzschnell drehten sie sich um und sahen einen Afrikaner aus dem Dunkel herauskommen. Charles und Alfred sahen Pfeil und Bogen in seiner linken Hand. Das Lächeln des Mannes beruhigte die Missionare nicht. Im Gegenteil, denn das Lächeln ließ seine spitz gefeilten Zähne, ein klares Zeichen für einen Kannibalen, sichtbar werden.

»Ich hoffe, der ist nicht vom Stamm der Balenda, vor dem man uns an der Grenze gewarnt hat«, flüsterte Alfred.

»Das hoffe ich auch«, antwortete Charles.

Erst dann bemerkte Charles, dass der Mann einen Korb mit Süßkartoffeln und Maiskolben in seiner rechten Hand hielt. Der Afrikaner, der nur mit einem zerlumpten Hemd bekleidet war, lächelte immer noch. Charles wollte es als ein gutes Zeichen werten. Mit verschiedenen Handbewegungen versuchte er, ihm klarzumachen, dass er und Alfred großen Hunger hatten. Der Afrikaner kam herüber und gab ihnen einige Maiskolben und Süßkartoffeln aus seinem Korb. Als Dankeschön überreichte Charles ihm einige Knöpfe. Der Afrikaner nahm sie an und lächelte breit. Wieder strahlten seine weißen spitzen Zähne im Sonnenlicht. Dann plötzlich bedeutete er den zwei Missionaren, ihm zu folgen, und verschwand im Dschungel. Charles und Alfred sahen einander an, nahmen ihre Fahrräder und machten sich auf den Weg.

Nachdem sie dem Mann etwa eine Stunde lang gefolgt waren, kamen sie wieder zu einer Lichtung, auf der sich ein kleines Dorf mit Grashütten befand. Rauch stieg von einem Feuer auf, und Kinder rannten fröhlich hin und her. Als sie die beiden Weißen sahen, hörten sie sofort auf zu spielen, scharten sich um Charles und Alfred, lächelten sie an und zeigten ihre geschärften Zähne.

»Könnte das nicht eine Falle sein?«, fragte Alfred, »erst töten sie uns, dann werden wir gegessen.« Furcht lag in seiner Stimme.

»Nein, das glaube ich nicht«, erwiderte Charles, »da gibt es Tiere im Urwald, deren Fleisch viel zarter und leckerer ist.«

Der Fremde brachte die Missionare zu einer Feuerstelle. Als sie auf dem Boden saßen, legte er Süßkartoffeln und Maiskolben in die Glut. Nach einer halben Stunde holte er sie wieder heraus und brachte sie zu seinen Gästen. Aus der Hütte holte er jetzt gebratenes Fleisch und setzte es ihnen ebenfalls vor. Die beiden Missionare waren durch das Umherirren im Dschungel an diesem Tag halb verhungert. Gierig verschlangen sie das Fleisch und das Gemüse. Beides war bestens zubereitet und schmeckte vorzüglich. Sie hatten keine Ahnung, was das für Fleisch war, und Charles war dafür, besser nicht nachzufragen.

Nach der Mahlzeit riss er noch ein paar Knöpfe von seiner Hose als Bezahlung ab.

Sie wollten wieder los, wussten aber immer noch nicht, wohin. Weil der Afrikaner das merkte, zeigte er ihnen die Richtung durch den Dschungel.

»Ich glaube, der zeigt uns gerade den Weg«, sagte Charles zu Alfred.

Sie schüttelten seine Hand, nahmen ihre Fahrräder und machten sich bereit zum Aufbruch. Als sie in die angegebene Richtung losfuhren, applaudierten die versammelten Dorfbewohner den Missionaren. Charles winkte ihnen zurück, und schon waren die beiden im dichten Dschungel verschwunden.

Als sie ein Stück vorangekommen waren, atmete Charles hörbar auf und dankte Gott von ganzem Herzen für die Bewahrung. Sie hatten ihre erste Begegnung mit Kannibalen überlebt. Nicht nur das, sie hatten sogar Freunde gefunden. Die eindringliche Warnung, die Mr. Hall ihnen mehrere Tage zuvor am Ostufer des

Albertsees weitergegeben hatte, und die Befürchtungen der belgischen Zollbeamten an der kongolesischen Grenze hatten sich nicht bewahrheitet. Charles war sehr erleichtert.

Der Weg, den der Afrikaner ihnen gezeigt hatte, erwies sich als richtig. Bald fanden sie sogar ihre Träger wieder, die schon ganz besorgt und aufgeregt waren. Bis zum Einbruch der Nacht waren alle wieder auf dem richtigen Weg und schlugen ihre Zelte in einer Lichtung auf.

Am nächsten Morgen ging es weiter in Richtung Kilo, und Charles achtete diesmal sehr darauf, den Trägern nicht wieder davonzuradeln.

Vier Tage später, am 5. Juni, kamen Charles und Alfred an. Ohne Zweifel waren sie die ersten Radfahrer, die je nach Kilo gekommen waren, denn sie verursachten einen wahren Menschenauflauf in der Bergbausiedlung. Die Leute standen an der Hauptstraße Spalier, jubelten ihnen zu und pfiffen, als sie die zwei Missionare auf ihren komischen zweirädrigen Maschinen kommen sahen.

Bald stellte sich ihnen ein griechischer Geschäftsmann vor. Sein Englisch war schlecht, aber seine Absicht erwies sich als gut. Er lud die beiden mitsamt ihren Trägern zum Kampieren auf sein Grundstück ein. Sie konnten so lange bleiben, bis sie sich erholt hatten und zur Weiterreise fertig waren.

Dankend nahm Charles das Angebot an und rechnete mit ein bis zwei Nächten Aufenthalt. Er hatte nicht die leiseste Ahnung, dass sie hier fast drei lange, unbequeme Monate kampieren sollten, bevor sie weiterreisen konnten.

KAPITEL 12

Im Herzen Afrikas

In Kilo wartete schon die Post auf Charles und Alfred. Die Briefe wurden von einem Läufer überbracht, der schneller als der Missionarstreck war. Sie enthielten gute Nachrichten. Charles war zum ersten Mal Großvater geworden. Seine Tochter Dorothy hatte ein Mädchen namens Ann zur Welt gebracht. Außerdem entschuldigte sich Alfreds Vater nicht nur bei Charles für das ablehnende Telegramm an seinen Sohn, sondern kündigte auch die Ausreise von Alfreds jüngerem Bruder George in den Kongo an. Das gefiel und beruhigte Charles. Es ging nicht nur darum, dass sein freundschaftliches Verhältnis zu Barclay Buxton wiederhergestellt war, sondern auch darum, dass Alfred bei seinem Missionseinsatz nun das volle Einverständnis seines Vaters hatte.

Aber es gab auch einige schlechte Neuigkeiten. Priscilla berichtete von Herzproblemen und davon, dass sie beim Einkaufen plötzlich zusammengebrochen war und der Arzt allgemeine Bettruhe verordnet hatte. Dennoch wollte sie alles in ihrer Macht Stehende tun, um die Mission ihres Mannes voranzubringen. Sie hatte einen Rundbrief für die »Heart of Africa Mission« verfasst, der auf herzförmigen Blättern gedruckt worden war. Etwa 2000 Exemplare hatte sie daraufhin an Missionsinteressierte verschickt. Priscilla informierte Charles auch darüber, dass die neue Mission von bestimmten Christen in England fortwährend kritisiert wurde. Sie fänden es besser, wenn Charles die Arbeit der neu gegründeten Afrika-Inland-Mission (AIM) unterstellen würde. Zu allem Übel saßen einige Kritiker im Vorstand seiner eigenen Mission, der auf Charles' Initiative hin vor seiner Abreise gebildet worden war. Dennoch war Charles dankbar, dass zwei der Vorstandsmitglieder, sein Schwiegersohn Martin Sutton und sein alter Freund Lord Radstock, voll hinter ihm und Priscilla standen und sie unterstützten, wo es nur ging.

Charles schrieb seiner Frau postwendend zurück und machte ihr Mut, Jesus, den besten Arzt, um Heilung zu bitten. Dann fügte er Folgendes hinzu:

> Wir können ihm zu wenig vertrauen, aber niemals zu viel ... Es ist angemessen, wenn wir den Dingen direkt ins Auge sehen, denn Gott will uns prüfen wie Gideon. Wenn er uns bis zum Äußersten geprüft hat, dann werden wir am Ende wie Gold daraus hervorgehen. Ich glaube wirklich, dass Gott uns zieht und dass er beabsichtigt, die Aufgabe der Weltevangelisation auszuführen. Durch Gottes Gnade will ich mit dabei sein und mich ganz hineingeben – egal, ob Leben oder Tod auf mich wartet, ob es ein Komitee oder einen Helfer gibt oder eben nicht.

In den folgenden drei Monaten sollten diese Worte in Charles' Leben auf ihren Wahrheitsgehalt hin geprüft werden. Schwierigkeiten gab es genug. Zunächst hatten sich die Gepäckträger aus dem Staub gemacht, wobei die beiden Missionare erstmals seit ihrer Ankunft in Afrika Schwierigkeiten hatten, neue zu finden, sodass sich die Weiterreise verzögerte. Und dann hatten sie nur äußerst spärliche und teilweise falsche Informationen über das Klima in Belgisch-Kongo. Während sie sonnigen blauen Himmel und gelegentlich leichten Regen erwartet hatten, wurden sie mit Dauerregen und heftigem Wind konfrontiert. So wurde ihr Zelt beispielsweise von einer starken Windböe erfasst und gegen die Bäume geworfen. Es kam vor, dass Charles und Alfred eine Woche lang in ihren nassen Kleidern dasaßen und beim Sturm keinen Schutz fanden.

Obwohl diese widrigen Umstände und die Ungewissheit in Bezug auf neue Träger ihnen zu schaffen machten, hielten die beiden Männer eisern ihren Tagesrhythmus ein. Morgens früh um fünf Uhr standen sie auf, machten sich zunächst einen Tee und lasen jeder für sich in der Bibel, bis es um acht Uhr Frühstück gab. Von 9 bis 13 Uhr arbeiteten sie an ihren Projekten. Alfred ging daran, sich die Grundkenntnisse der Handelssprache Bangala anzueignen, und Charles verfasste Verteilschriften und kleine Bücher, die er Priscilla zur Veröffentlichung schickte. Um 13 Uhr aßen Charles und Alfred gemeinsam Mittag und hielten eine Gebetszeit. Wenn sich Charles anschließend zum Mittagsschlaf hinlegte, murmelte er oft: »Reine Zeitverschwendung.« Es blieb ihm aber nichts anderes übrig, denn die Malaria-Anfälle hatten ihn geschwächt und müde werden lassen. Nach dem Mittagsschlaf arbeitete er bis 17 Uhr. Dann war es Zeit für das gemeinsame Abendessen. Anschließend spazierte Charles noch durch die Siedlung, bis er ins Lager zurückkam und sich um 21 Uhr schlafen legte.

Die Wochen zogen sich zu Monaten hin, und Ende August hatten die Missionare schließlich genügend Träger für die letzte Etappe ihrer Reise nach Dungu zusammen. Am 28. August 1913 ging es los. Charles war froh, dass sie Kilo endlich verlassen und in nordwestlicher Richtung in den Ituri-Wald aufbrechen konnten.

Sie stellten fest, dass der Ituri-Wald sich kilometerweit über gezackte Berge hin erstreckte. Die Bäume wuchsen so dicht, dass das Sonnenlicht kaum den Waldboden erreichte. Charles, Alfred und die Träger kämpften sich unbeirrt durch das Halbdunkel voran. Der Pfad war eng und schwierig. Felsbrocken und große Baumwurzeln erschwerten das Vorankommen. Bald mussten Charles und Alfred ihre Räder mehr tragen, als dass sie auf ihnen fuhren. Das war nicht alles. Der Wald war ständig feucht und der Boden glitschig; das Wasser tropfte von den Blättern, und der ganze Boden war übersät von Moosen und Flechten. Manchmal schienen Charles und seine Begleiter eher auf Eis zu rutschen, als durch den afrikanischen Dschungel zu wandern. Ständig fielen sie hin. In sein Tagebuch schrieb Charles: »Mir scheint, der Teufel seift den Weg abends und morgens ein, damit er schön rutschig ist.«

Nach vier Tagen hatten die Träger genug. Sie setzten die Camping-Ausrüstung mitsamt den Vorratskisten ab und verschwanden auf einen Schlag im Dickicht. »Das kann doch nicht wahr sein«, rief Charles und starrte das trägerlose Gepäck an. »Jetzt sind wir mitten im Dschungel. Alfred, es bleibt uns nichts anderes übrig, als dass du dich zum nächstbesten belgischen Regierungsposten durchkämpfst, um neue Träger aufzutreiben. So ein Ärger!«

Jetzt zahlten sich Alfreds Sprach-Lernbemühungen aus. Es gelang ihm, neue Träger zu finden und einige von den verschwundenen wieder anzuheuern, wenn sie auch höhere Löhne forderten, bevor sie zurück an die Arbeit gingen.

Nach all den mühevollen Tagen, an denen sie mehr hin und her gerutscht als gelaufen waren, sahen sie endlich das helle Sonnenlicht. Sie waren in der Grassavanne der Provinz Uelle angekommen, und jetzt wurde der Weg wesentlich einfacher. Nach kurzer Zeit hatten sie den Posten Arebi erreicht. Von dort verbesserte sich der Weg nach Dungu, sodass sie auf ihren Fahrrädern gut vorankamen. Vorbei ging es an Gärten, wo sie Reis, Hirse, Kokosnüsse, Bananen, Süßkartoffeln und Ananas kaufen oder eintauschen konnten. Für Charles war es ein kulinarisches Freudenfest. Er konnte sich nicht erinnern, wann er zuletzt so gut gegessen hatte.

Sechs beschwerliche Wochen nach ihrer Abreise aus Kilo waren sie endlich in Dungu angekommen – dem Ort, in dem es noch keine Missionare gab. Das zumindest dachte Charles, als er ankam. Er ging schnurstracks zur Post, wo er frustrierende Nachrichten erhielt. Allerdings standen sie nicht in den Briefen, die ihm ausgehändigt wurden. Vielmehr hatten sie mit der Situation vor Ort zu tun.

Der Postbeamte begrüßte ihn mit den Worten: »Willkommen, Sie sind also die neuen Missionare und wollen den anderen helfen?«

»Wieso andere Missionare? Wir sind garantiert die einzigen Missionare hier«, gab Charles zur Antwort.

»Bestimmt nicht«, korrigierte ihn der Beamte und schaute auf eine Liste. »Nein, hier sind schon vier andere. Sie sind vor zehn Tagen gekommen, und man hat ihnen bereits die Landrechte für eine neue Missionsarbeit gegeben. Warten Sie, ihre Namen sind Morris, Batstone, Miller und Clark.«

Charles verstand die Welt nicht mehr. Aber plötzlich erinnerte er sich an die Namen Morris und Batstone. Sie gehörten zu denen, die zuerst in Mombasa auf ihn gewartet, dann aber kalte Füße bekommen hatten. »Wissen Sie zufällig, wie die Mission heißt, mit der sie arbeiten?«, wollte Charles wissen.

»Ich glaube, sie heißt AIM«, erinnerte sich der Postbeamte.

Charles öffnete den Mund, um etwas zu sagen, schloss ihn aber gleich wieder. Stattdessen nahm er die Briefe und trat nach draußen ins grelle Sonnenlicht.

Am Abend im Camp fragte Charles sich, wie es weitergehen sollte. Er war in das Innere Afrikas gekommen, um Menschen zu evangelisieren, die noch nie die Frohe Botschaft gehört hatten. Er wollte nicht dahin, wo schon andere arbeiteten. Darum hatte er Dungu gewählt. Er war sich sicher, dass andere Missionsgesellschaften noch Jahre brauchen würden, um dort eine Arbeit zu beginnen. Aber offensichtlich hatte er sich geirrt. Was sollten sie tun?

Charles suchte die vier Männer auf, um mit ihnen zu reden. Morris und Batstone erklärten ihm, dass sie nach ihrer Trennung in Mombasa im Auftrag der AIM aufgebrochen wären. Die Mission hatte damals schon zwei Männer für den ersten Vorstoß in den Kongo gehabt, jetzt kamen sie noch dazu. Aber sie hatten eine etwas andere Route als Charles und Alfred genommen und waren nicht so lange wie sie aufgehalten worden. Obwohl die AIM-Missionare später aufgebrochen waren, gelang es ihnen daher, früher in Dungu anzukommen.

Nach diesem aufschlussreichen Gespräch sah Charles nur eine Möglichkeit für das weitere Vorgehen: Er und Alfred würden noch weiter westwärts nach Niangara zu ziehen, in einen Ort, in dem noch nie Missionare gewesen waren, wie man Charles versicherte.

Da ihre Träger schon bezahlt und entlassen waren, mussten sie sich wieder neue suchen. Das konnte dauern. In dieser Zeit lud ein belgischer Geschäftsmann sie ein, in seinem Gästehaus zu wohnen. Charles und Alfred nahmen das Angebot gern an, denn sie hatten während des Aufenthalts im Freien mehrere hochgiftige schwarze Mambas gesehen und waren froh über eine Bleibe in einem richtigen Haus.

Gleich in der ersten Nacht ging ein furchtbares Gewitter über Dungu nieder. Es donnerte und blitzte furchtbar, während Alfred und Charles auf dem Boden knieten und beteten. Plötzlich gab es einen lauten Schlag, und ein Stück Putz fiel von der Decke. Es landete direkt neben Charles' Bein. Er sprang auf und rannte – dicht gefolgt von Alfred – nach draußen, um nachzusehen, was passiert war.

In Sekundenschnelle waren die beiden Männer aufgrund des Starkregens klitschnass. Charles schaute nach oben und sah, wie eine dünne Rauchwolke aus dem Dachstroh aufstieg. ›Der Blitz muss das Haus getroffen und das Dach in Brand gesetzt haben‹, schlussfolgerte Charles. Er musterte das Dach einen Augenblick lang, bevor die beiden ins Innere des Hauses zurückliefen, weil es weiter heftig regnete. Als er die Tür hinter sich geschlossen hatte, war Charles davon überzeugt, dass der Tropenregen das Feuer in kürzester Zeit löschen würde. Doch mittlerweile hatte sich vor dem Haus eine Menschentraube versammelt. Charles hörte, wie irgendjemand etwas laut rief.

»Was rufen die da? Wegen dieses Sturms versteht man ja gar nichts«, fragte Charles Alfred schreiend.

Dieser schluckte. »Die sagen, wir sollen unser Sachen nehmen und hinauslaufen.«

Die beiden Männer sahen einander kurz an. Plötzlich fiel ein brennendes Stück Strohdach durch die Decke und landete neben dem Tisch. Charles rannte herüber und trat das Feuer aus. Aber das Knistern im Dachstuhl machte klar, dass jeden Augenblick noch viel mehr brennende Dachreste herabfallen würden.

»Schnell, nimm das Zeug, und raus hier!«, schrie er Alfred zu.

Kurz darauf standen Charles und Alfred neben den draußen versammelten Leuten und konnten nur mit ansehen, wie das Haus vor ihren Augen den Flammen zum Opfer fiel. Zum zweiten Mal hatte Feuer ihre Reise gestoppt.

Als er so dastand, bemerkte Charles einen Weißen neben sich. Der Mann trug nur ein Handtuch um die Hüfte und stellte sich vor. »Ich bin Graf de Grunne, der für diesen Distrikt zuständige Beamte. Haben Sie hier gewohnt?«

»Ja«, antwortete Charles.

»Als ich die Feuerschreie gehört habe, habe ich alles stehen und liegen gelassen und bin hierher gelaufen, aber das sieht man ja.«

Charles schaute den grauäugigen Mann an und fand ihn gleich sympathisch.

»Ich vermute mal, dass Sie für diese Nacht ein Ausweichquartier brauchen. Ich werde einem meiner Diener Bescheid sagen«, bot der hohe belgische Beamte an.

»Oh, vielen Dank«, erwiderte Charles. »Das ist sehr nett von Ihnen.«

Im Laufe der nächsten Tage erwies sich Graf de Grunne als ein sehr freundlicher und hilfsbereiter Mann. Er unterstützte Charles und Alfred bei der Suche nach neuen Trägern, bot ihnen Land für die Missionsstation in Niangara an und gab ihnen Karten und Tipps, wie man gut dort hinkommen konnte. Wenn sie mit Kanus den Uelle-Fluss hinunterfuhren, konnten sie es in drei Tagen schaffen. All diese Hinweise waren äußerst wertvoll. Genauso machten es die beiden Missionare in den nächsten Tagen.

Am 16. Oktober 1913 kletterten Charles und Alfred aus ihren Kanus und traten an das Flussufer in Niangara. Nach fast neun Monaten, die sie überwiegend in Zelten verbracht hatten, waren sie endlich angekommen. In kürzester Zeit bauten sich die Missionare ein ziemlich großes Haus aus Lehm und Flechtwerk und nannten es »Buckingham Palace«. Nach all den Strapazen, die hinter ihnen lagen, waren feste Wände und ein Dach, das nicht tropfte, der größte Luxus, den sie sich vorstellen konnten.

Am ersten Abend im neuen Haus schrieb Charles in sein Tagebuch: »Wir sind der abgelegenste Außenposten im Werk des Herrn. Weder im Westen noch im Norden oder Süden bis hin zum Kongo-Fluss gibt es irgendeine christliche Missionsarbeit.«

Er hatte erreicht, was er wollte. Er und Alfred waren im Herzen Afrikas.

Schon in den ersten Tagen fanden sie heraus, dass in Niangara Angehörige vieler Stämme aus der Umgebung zusammenkamen: Bazande, Mangbetu, Medje, Nepoko und Pygmäen. Charles war begeistert. Die Möglichkeiten zur Evangelisation waren weit größer, als er zunächst gewusst oder erhofft hatte.

Nur wenige Tage nach ihrer Ankunft in Niangara erkundeten Charles und Alfred die Gegend und suchten nach Orten für neue Missionsstationen. Sie beschlossen, südwärts zu ziehen – und dies trotz der Tatsache, dass nur zehn Jahre zuvor Kannibalen eine Schar von 35 belgischen Soldaten, die dort unterwegs waren, getötet, gekocht und verspeist hatten.

Ihnen lief kein einziger Kannibale über den Weg, und nach fünf Tagen Fußmarsch fanden sie ein ideales Gelände für eine

Missionsstation. Nala war ein verlassener Regierungsposten, an dem es genug Lebensmittel und Wasser gab. Außerdem standen dort bereits mehrere Steinhäuser, die die Einheimischen nicht nutzten. Aber noch viel wichtiger war Charles und Alfred die Freundlichkeit der Menschen. Weil die Bewohner von Nala schon vorher mit Weißen zu tun gehabt hatten, wollten sie unbedingt jemanden, der ihnen das Lesen und Schreiben beibringen und ihnen die Welt außerhalb ihres bisherigen Horizonts erklären konnte.

Gleich nach dem Ende der Erkundungsreise setzte Charles sich in Niangara hin, um dem Vorstand seiner Mission Bericht zu erstatten. Er schrieb von der großen Offenheit der Menschen in Nala und resümierte: »Wir brauchen einen Arzt und einen Lehrer für Nala. Sendet uns gute neue Missionare, wir brauchen *Männer*. Wo sollen die Finanzen herkommen? Von Gott. Nala ist eine großartige Station, eine goldene Gelegenheit.« Charles adressierte den Brief an Martin Sutton, den Vorsitzenden des Missionsvorstands, und wartete auf die Ankunft des belgischen Postschiffs.

Als es endlich ankam, nahm er die neuen Briefe entgegen und gab seine für den Transport nach England ab. Unmittelbar danach machte er sich an die Lektüre und war wieder einmal schockiert. Martin Sutton und sein treuer Unterstützer Lord Radstock waren beide innerhalb kürzester Zeit im Dezember 1913 gestorben!

Charles hatte im Laufe seiner Missionstätigkeit so viele Widerstände und Rückschläge erlebt, dass er einfach weitermachen wollte, auch wenn der Vorstand dagegen war. Er schrieb an Graf de Grunne, seinen neuen Freund, und bat um die Erlaubnis, in Nala eine Missionsstation zu eröffnen. Die Antwort kam prompt. Gern könne er ein Stück Land bekommen, wenn die Einheimischen mit einer Missionsstation in ihrer Nähe einverstanden wären. Charles und Alfred mussten daher so bald wie möglich erneut nach Nala reisen, aber das machte ihnen nichts aus. Auf ihren Rädern radelten sie in den Ort und wurden fröhlich und lachend von den Einheimischen begrüßt. Die Freude war groß: Tatsächlich waren die Missionare wiedergekommen.

Charles und Alfred blieben mehrere Tage in Nala, und vor ihrer Abreise besiegelten die Dorfhäuptlinge mit ihrem Fingerabdruck feierlich den Grundstücksvertrag: Die entsprechende Urkunde besagte, dass die »Heart of Africa Mission« in Nala ein Stück Land erworben hatte. Als Charles sich das Gelände besah, konnte er sich dort lebhaft eine gut gehende Schule und ein Krankenhaus vorstellen.

Noch vor ihrer Rückreise war ein Mann namens Sambo Christ geworden. ›Vielleicht ist er der Anfang einer großen Gemeinde in Nala‹, dachte Charles hoffnungsvoll.

Die nächste Ermutigung kam bald in Form eines Briefes vom Missionsvorstand. Charles wurde mitgeteilt, dass fünf junge Männer zu ihrer Unterstützung in Richtung Kongo ausgesandt worden waren. Er war überglücklich.

Drei Monate später machten Charles und Alfred sich wieder auf den Weg, diesmal nach Poko, in einen Ort, der in nordwestlicher Richtung fünf Tagesreisen von Nala entfernt lag, und dann noch einmal sechs Tagesreisen weiter nach Bambili. Beide Ortschaften eigneten sich aus Charles' Sicht vorzüglich für den Aufbau einer Missionsstation. Deshalb bat er Graf de Grunne um Land an beiden Orten.

Endlich kam die Arbeit richtig in Schwung. Im Kongo hatten Charles und Alfred seit ihrer Ankunft bereits vier strategisch wichtige Orte für Missionsstationen gefunden, von denen aus man leicht acht verschiedene Stämme erreichen konnte. Aber dazu reichten nicht fünf neue Missionare im Kongo – es wurden Hunderte gebraucht! Noch in Bambili schmiedeten Charles und Alfred Pläne, wie sich die Arbeit ausbauen ließe. Alfred sollte nach Niangara zurückkehren, um die neuen Missionare in Empfang zu nehmen. Gemeinsam wollten sie dann die Station in Nala aufbauen. Alfred sollte sie leiten und weiter daran arbeiten, die Bangala-Sprache zu verschriften.

In der Zwischenzeit wollte Charles sich ca. 500 Kilometer weiter in Richtung Kongo-Fluss durchschlagen, dann per Kanu etwa 1200 Kilometer flussabwärts bis zur Mündung fahren und schließlich ein Schiff nach England besteigen. Ziel der Aktion war die Rekrutierung neuer Mitarbeiter. Ihm war wohl bewusst, dass dies durch den Kriegsausbruch in Europa deutlich schwieriger geworden war. Deutschland kämpfte gegen Russland, Frankreich und Großbritannien. In England wurden junge Männer für die Schützengräben in Frankreich angeheuert. Aber wo waren junge Christen, die sich bereitfanden, für die Seelen im Kongo zu kämpfen? Charles wollte alles daransetzen, sie zu finden.

Im Februar 1915 trennten sich die Wege von Charles und Alfred. Zwei Jahre lang hatten sie aufs Engste zusammengearbeitet. Alfred hatte sich von einem dürren 21-jährigen Mann zu einem reifen Mitstreiter in der Mission entwickelt. Als sie sich trennten, betete Charles, dass Alfred gut durchhalten und weitermachen konnte, bis er selbst mit neuer Hilfe aus England zurückkehren würde. Sie beide hatten keine Ahnung, wie viel Zeit bis dahin vergehen würde.

KAPITEL 13

Buana Mukubua

Im April war Charles wieder zu Hause. Einerseits war er sehr glücklich, Priscilla und seine Töchter wiederzusehen. Endlich konnte er auch sein erstes Enkelkind in den Arm nehmen. Andererseits fand er das Leben in seiner Heimat extrem schwierig. Er kam sich wie ein Fremder vor, als er in weich gepolsterten Sesseln irgendwelcher Speisesalons saß, während man englischen Tee in Tassen aus feinem Chinaporzellan servierte und er leckere Küchlein und Pralinen aß. All das genoss er keine Sekunde. Der Humor, der früher sein Markenzeichen gewesen war, hatte ihn verlassen. Alles sah er durch die Brille der enormen Nöte und Schwierigkeiten, die er im Kongo erlebt hatte. Er hinterfragte jeden Luxus und kritisierte manches, was Leute als normal oder notwendig ansahen. Wenn sich irgendwo noch ein Penny oder ein Sixpence sparen ließ, konnte mit dem Geld eine weitere Missionsstation eröffnet werden. Der ganze Luxus war ihm total zuwider.

Das Toben des Weltkrieges in Europa schärfte Charles' Blick für die verlorenen Seelen im Kongo und ließ seinen Auftrag umso dringlicher erscheinen. Häufig gebrauchte er das Bild des Krieges, um junge Freiwillige für Afrika zu gewinnen. In einem seiner ersten Artikel, die er nach seiner Ankunft für das Missionsblatt schrieb, hieß es:

> Unter Großbritanniens evangelisierten 40 Millionen Einwohnern arbeiten mehr als doppelt so viele Pastoren und Prediger als unter den 1,2 Milliarden Heiden an der Front. Und doch nennen sie sich Kämpfer für Christus. Wie wer-

den die Engel sie wohl nennen? Vermutlich die »Rettet-Großbritannien-zuerst-Brigade«, die unmittelbar auf die »Ich-bitte-dich-entschuldige-mich-Apostel« folgt.

Christus ruft uns auf, die Hungrigen und nicht die Satten zu speisen. Er will Verlorene retten und nicht die Verstockten, und wir sollen nicht die Spötter, sondern die Sünder zur Buße zu rufen. Lasst uns aufhören, zu Hause ansehnliche Kapellen, Kirchen und Kathedralen zu bauen und prachtvoll auszustatten, in denen Namenschristen durch gelehrte Abhandlungen, rituelle Gebete und künstlerische Musikdarbietungen in den Schlaf gewiegt werden. Vielmehr sollen wir lebendige Gemeinden unter den Verzweifelten und Verlassenen bauen, damit Menschen den Klauen des Teufels entrissen und vor dem Rachen der Hölle errettet werden, denn sie sollen der Gemeinde Jesu hinzugefügt und zugerüstet werden, sodass aus ihnen ein Heer des allmächtigen Gottes wird. Aber das gelingt nur durch einen glühenden, unkonventionellen, freien, vom Heiligen Geist bestimmten Glauben. Weder Kirche noch Staat, weder Mensch noch Tradition dürfen verehrt werden oder Inhalt unserer Predigten sein; vielmehr muss allein Christus, der Gekreuzigte, verkündigt werden. Wir wollen Christus nicht bekennen durch luxuriöse Amtsketten, Talare, silberne Bischofsstäbe, an Ketten befestigte Goldkreuze, Kirchtürme oder reich bestickte Altardecken, sondern durch schonungslose Opfer und Heldentaten in den vordersten Schützengräben.

Dieser Artikel und andere Veröffentlichungen lösten heftige Kontroversen aus, wo immer Charles auch auftauchte. Einige Christen hießen ihn mit offenen Armen willkommen und bestürmten ihn, die Christenheit noch mehr aufzuwecken, während andere sich angesichts seiner radikalen Botschaft angewidert von ihm abwandten, doch das störte ihn nicht. Er reiste landauf, landab umher, wobei er stets predigte und die Christen aufforderte, sich ganz für Gott einzusetzen. Sie waren bereit, für England in den Krieg zu ziehen, dann sollten sie auch bereit sein, für Gott in fernen Ländern zu kämpfen.

Charles' ausgedehnte Reisetätigkeit und seine immer wiederkehrenden Malaria-Anfälle forderten ihren Tribut. Aber er ließ sich nicht aufhalten. Am 2. November 1915 notierte er in seinem Tagebuch:

> Mein Gastgeber Hugh Jones holte einen Arzt. Dieser verbot mir, am Abend wieder öffentlich zu reden. Stattdessen solle ich mich auf den Weg nach Hause machen. Ich lachte und sprach an dem Abend eineinhalb Stunden und am nächsten Tag in Caernarfon zwei Stunden. Dann hatte ich drei Veranstaltungen in Bangor, bevor ich schließlich in Aberystwyth sprach. Diese kalten und langsamen Bahnfahrten sind ein Graus! Aber Gott ist stets bei mir.

Charles schonte sich nicht, um das Evangelium nach Zentralafrika zu bringen. In einem weiteren Artikel beschrieb er seine Missionsperspektive, der zufolge die »Heart of Africa Mission« unter den vielen Missionswerken eine Arbeit sein sollte, die voranging und unerreichten Stämmen galt. Er beendete den Artikel mit den Worten: »Sie ist weltweit. Dank sei Gott, ich weiß nicht, wie man sich zurückzieht.«

Die Briefe, die er von Alfred Buxton bekam, waren zum größten Teil ermutigend. Obwohl einer der neu angekommenen Missionare an einer Tropenkrankheit gestorben war, waren die anderen »feurig«, wie Alfred es ausdrückte, und erfolgreich. Sechs Monate nach Charles' Abreise konnte Alfred die ersten 18 Gläubigen taufen. Er schrieb: »Jede dieser Taufen in Nala hätte das Zeug für eine kräftige Schlagzeile: ›Ehemalige Kannibalen, Trunksüchtige, Diebe, Mörder, Ehebrecher und Flucher kommen ins Reich Gottes‹.«

Charles war begeistert, als er hörte, wie gut es nach Alfreds Worten in Nala voranging.

> Und als dann Sünden öffentlich bekannt wurden, hörten wir einige ergreifende Zeugnisse. »Ich habe mehr Sünden begangen, als Raum in meiner Brust ist.« »Mein Vater hat einen Mann getötet, und ich habe mitgeholfen, ihn aufzuessen.« »Ich habe ein Zaubermittel aus den Fingernägeln eines Toten gemacht und damit einen Menschen getötet.« Jeder, der zu den Zusammenkünften kommt, wird zunächst mit der Frage begrüßt: »Weshalb bist du gekommen? Ich sage dir klipp und klar, dass hier kein Geld zu holen ist. Wir … wollen nur, dass Menschen von Gott erfahren und sein Wort lesen.« Trotz dieser recht harschen Begrüßung haben alle ausnahmslos geantwortet: »Euer Geld interessiert uns nicht, wir suchen Gott.«

Im Juni 1916 hatte Charles schließlich acht neue Mitarbeiter für den Kongo gewonnen. Unter ihnen waren seine Tochter Edith, die die Hochzeit mit Alfred plante, eine Pharmazeutin und ein Zimmermann. Es hatte Monate gedauert, das Geld für die Überfahrt nach Afrika zusammenzubekommen, und gerade, als sie abreisen wollten, erhielt Charles eine Hiobsbotschaft. George Buxton, Alfreds Bruder, der mit in den Kongo ausreisen wollte, war als Pilot zur britischen Luftwaffe eingezogen worden. Bei einem Flug wurde sein Doppeldecker hinter den feindlichen Linien abgeschossen. George war tot.[21]

Trotz all dieser unvorhergesehenen Ereignisse bereitete Charles weiter die Abfahrt nach Afrika vor. Im Juli war es so weit, und Charles befestigte überall in London Plakate mit folgender Aufschrift:

---

21 A. d. H.: Laut Internet-Angaben starb George Buxton am 28.7.1917, also ein Jahr später. Doch zum Zeitpunkt der Abreise der neuen Missionare war er gewiss schon eingezogen worden.

> Ein Tag mit Gebet und Lob Gottes von zehn bis 22 Uhr in der Central Hall in Westminster. Der Kreuzzug Christi hat begonnen. Verabschiedung von Mr. C.T. Studd und seiner Gruppe in das Innere Afrikas. Ihre Gebete für die Ausreisenden sind herzlich willkommen. Die Verabschiedung erfolgt auf dem Bahnhof Paddington Station am Montag, dem 24. Juli, um 9.40 Uhr. Konfetti wäre unpassend, aber eine Salve mit lauten Hallelujas ist immer willkommen.

Hallelujas gab es viele, als Charles an diesem Tag vor einer enthusiastischen Zuhörerschaft predigte: »Christus will nicht Leute, die nur im Möglichen stecken bleiben, sondern die das Unmögliche wagen. Es gibt Leute, die wollen in der Nähe von Kapellen und Kirchenglocken wohnen. Ich will lieber eine Rettungsstation kurz vor dem Eingang der Hölle betreiben.«

Eine riesige Menschenmenge hatte sich am 24. Juli 1916 auf dem Bahnhof Paddington Station versammelt, um die Gruppe der Missionare zu verabschieden. Für Priscilla war es nicht nur der Abschied von ihrem Mann, sondern auch von ihrer Tochter. Wie bei früheren Gelegenheiten hatten sich Priscilla und Charles auch diesmal schon zu Hause voneinander verabschiedet. Mit einem lauten Zischen der Lokomotive begann für Charles die Rückreise nach Afrika.

Auf der Überfahrt lauerten diesmal besondere zusätzliche Gefahren. Deutsche U-Boote durchpflügten den Atlantischen Ozean und torpedierten britische Schiffe. Alle Bullaugen des Schiffes waren verdunkelt, und man hatte eine 24-Stunden-Wache eingerichtet. Angesichts der angespannten Situation gab es auch keine Touristen an Bord, sondern nur die Missionare und ein großes Kontingent belgischer Beamter, die verschiedene Regierungsposten im Kongo übernehmen sollten. Einige Belgier verspotteten Charles und die anderen aus der Gruppe, aber das ließ ihn wie immer kalt. Widerstand schärfte seine Gedanken und spornte ihn an.

Außerdem hatte Charles Wichtigeres zu tun, als sich um die Sticheleien belgischer Beamter oder die potenziellen Attacken deutscher U-Boote zu kümmern. In seiner Obhut befanden sich acht idealistische junge Leute, die mit Ausnahme seiner Tochter Edith noch nie außerhalb Englands gewesen waren. Charles gab sich alle erdenkliche Mühe, sie auf das primitive Leben im Kongo vorzubereiten. Aber so sehr er sich auch anstrengte, fragte er sich: Verstanden sie überhaupt, wovon er sprach? Konnten sie sich eine Welt ohne fließendes Wasser, gewohntes Essen und Privatsphäre überhaupt vorstellen? Jeden Morgen rief er seine Truppe zum Bangala-Lernen und jeden Nachmittag zur Bibelarbeit über einen Glaubenshelden der Bibel zusammen. Am Abend wurde für die Arbeit, die vor den Missionaren lag, gebetet.

Die Reise verlief problemlos und ohne U-Boot-Kontakt. Schließlich konnte das Schiff am 27. September 1916 im Hafen Matadi in der Nähe der Kongomündung anlegen. Hier kampierten die Missionare zunächst fünf Tage, wobei sie sich genügend Vorräte besorgten, bevor es per Zug weiterging. Zwölf Stunden dauerte die »Schütteltour« bis ins heutige Kinshasa. Dann ging es weiter per Dampfer mehrere Hundert Kilometer den Kongo flussaufwärts. Es war windstill und brütend heiß, aber Charles »drillte« seine Truppe trotzdem jeden Tag. An der nächsten großen Flussmündung erwartete Alfred schon die Ankömmlinge.

Als der Dampfer vor Anker ging, gab es ein paar Momente der Unsicherheit, denn für Alfred und Edith war es ein Wiedersehen nach dreieinhalb Jahren. Aber am Abend strahlte Edith. Alfred war immer noch der Mann, den sie kannte und heiraten wollte.

Bevor es weiterging, informierte Alfred Charles über das, was in seiner Abwesenheit passiert war. Dabei wurde es Charles sichtlich warm ums Herz. In Nala gab es jetzt 60 getaufte Christen, und viele Häuptlinge aus der Umgebung baten um Missionare für ihre Dörfer.

»Natürlich haben wir uns ins Zeug gelegt und hart gearbeitet«, meinte Alfred, »aber Gott hat auch Wunder getan. Einer der neuen Missionare, die im letzten Jahr ankamen, stieß auf Angehörige eines Stammes, die ihn fragten, ob er Engländer sei. Als er Ja sagte, brachte man einen Mann zu ihm, der eine höchst ungewöhnliche Geschichte zu erzählen hatte. Einige Jahre vorher hatte dieser als Teenager einen ganz realen Traum gehabt. Darin erschien Gott ihm und sprach: ›Warte auf die Engländer, sie werden dir von mir erzählen.‹ Seitdem hatten die Bewohner des betreffenden Dorfes jeden dort vorbeikommenden Weißen gefragt, ob er Engländer sei. Sie hatten keine Ahnung, dass mit dem Wort *Engländer* eine Nationalität gemeint ist, und hielten es für den Namen einer göttlichen Person. Unser Missionar konnte ihnen das Evangelium erklären und etliche von ihnen zu Jesus führen.«

Charles lächelte. »Gott benutzt immer noch Träume, genau wie bei Daniel. Wenn die Bekehrung eines Menschen in Großbritannien ein Wunder ist, dann ist sie in Afrika ein tausendmal größeres Wunder.«

Die Gruppe ging an Bord eines kleineren Dampfers. Eine Woche lang ging es flussaufwärts dem Ziel entgegen. Anschließend wartete ein etwa 480 Kilometer langer Fußmarsch auf sie. Als die Betreffenden Nala näherkamen, waren sie vier Monate unterwegs gewesen und völlig erschöpft. Charles hatte seine üblichen Malaria-Anfälle gehabt, obwohl er sie lieber als Attacken des Teufels ansah, aus denen er immer siegreich hervorging.

Sie waren noch immer einige Tagereisen von Nala entfernt, als sie unterwegs auf Gruppen afrikanischer Christen trafen. Diese Afrikaner liefen neben ihnen, sangen christliche Lieder und sagten Bibelverse auf. Mehrmals kamen Charles die Tränen, so überwältigt war er von dem, was er sah. Während der zwei Jahre seiner Abwesenheit hatte der christliche Glaube an einem der dunkelsten Orte, die er kannte, Wurzeln geschlagen.

Schließlich verkündete Charles der müden Reisetruppe: »Noch einen halben Tag Fußmarsch, dann sind wir da.« Daraufhin verbesserte sich die Stimmung, und die Geschwindigkeit nahm wieder zu. Um die Mittagszeit hatte man den Rand des Dorfes erreicht. Die einheimischen Christen stießen Freudenschreie aus, als sie hinausliefen, um Charles und die anderen zu begrüßen. Was für eine Begegnung! Sambo, der erste Gläubige aus Nala, war einer der Ersten, die Charles begrüßten. Fast zwei Jahre lang hatte er auf ihn gewartet.

Charles lachte verzückt, als er Sambo sah. Dieser hatte noch drei Freunde mitgebracht, und zu viert balancierten sie eine lange, besondere Trommel auf ihren Köpfen. Oben auf der Trommel saß ein vierjähriger Junge, der sie mit einem Stock schlug. Sambo erklärte Charles, dass er ihn stilvoll begrüßen wollte!

Die Einwohner des Dorfes hatten ein tropisches Begrüßungsfest für Charles und seine Gefährten vorbereitet. Die ungehobelten Tische waren mit Ananas und Bananen dekoriert und boten Leckereien wie gegrillte Hühnchen, Süßkartoffeln und Gemüse.

Während des Festessens ließ Charles sich von den vier Missionaren, die kurz nach seiner Abreise angekommen waren, erzählen, wie es ihnen ergangen war und was sie gemacht hatten.

Nach dem Essen lehnte er sich zurück und ließ die ganze Szene auf sich wirken. Bei seinem letzten Besuch in Nala bestand der Ort aus ein paar verlassenen Gebäuden mit einigen Hütten und einer Palmenstraße. Jetzt war das blühende Dorf ein christliches Zentrum in der Region. Viele neue Häuser waren hinzugekommen, und auch die Missionare hatten gute Wohnmöglichkeiten gefunden.

Am Abend fand der übliche Freitagsgottesdienst unter dem großen Dach der nach allen Seiten hin offenen Versammlungshütte statt. Charles war tief beeindruckt, als er sah, wie 200 Afrikaner sich leise auf die Holzbänke setzten. Ihre dunklen eingeölten Körper glitzerten im Lampenlicht, und ihre Gesichter leuchteten. Charles konnte sich nicht daran erinnern, jemals einen so schönen Gesang gehört zu haben. Die Lieder waren auf Bangala; Alfred hatte sie während der Abwesenheit von Charles geschrieben und den Einheimischen beigebracht. Ein Lied, das sie besonders liebten, hatte folgenden Text:

> Der Weg zur Hölle ist breit,
> und der Teufel fegt ihn jeden Tag.
> Sehr viele Leute gehen darauf,
> weil sie völlig auf Abwege geraten sind.
> Der Weg zum Himmel ist schwierig;
> er geht über einen Fluss,
> aber es gibt nur ein Kanu, das dich hinüberbringt –
> das Kanu heißt Jesus.

Nach den Liedern gab es eine Zeit für Zeugnisse. Was konnte man da nicht alles hören! Der Glaube, der darin offensichtlich wurde, ließ Charles ganz klein werden. Ein Mann mit einem wunden Bein stand auf und sagte: »Auf diesen Beinen bin ich durch die Wälder gewandert, um meinen eigenen Willen zu tun. Jetzt habe ich mich Gott hingegeben. Ich warte nur darauf, dass die Wunde heilt; dann werde ich meine Beine gebrauchen, um das Evangelium zu verkündigen.«

Danach stand ein anderer Mann auf. Er hatte keine Ohren. »Ich heiße Miyeye, und viele Leute fragen mich: ›Was ist mit deinen Ohren los?‹«, begann er, mit hoher Stimme zu erzählen. »Um euch die Wahrheit zu sagen, ich habe sie gegessen. Vor vielen Jahren war ich der Sklave eines Dorfhäuptlings. Mein Leben war eine Qual. Ich arbeitete härter als die meisten anderen, aber ich wurde schlechter bezahlt und war oft sehr hungrig. Eines Tages unterhielt ich mich mit einer der Frauen meines Häuptlings, die er ebenfalls sehr schlecht behandelte, und wir beschlossen, gemeinsam wegzulaufen. Nach Einbruch der Dunkelheit rannten wir los.

Wir liefen und liefen, waren aber nicht schnell genug. Ich war noch ein Junge und sie eine Frau, und schnell hatten die Leute des Dorfhäuptlings uns eingeholt. Sie schleppten uns zurück ins Dorf, wo ein großer Topf auf ein Feuer gestellt wurde. Vor meinen Augen wurde die Frau getötet und gekocht. Als ich getötet werden sollte, lief die Hauptfrau des Dorfhäuptlings durch die Menge und schrie: ›Er ist noch ein Kind, so etwas dürfen wir nicht tun. Es wird einen Fluch über uns alle bringen, wenn wir ihn essen, und wir werden sterben.‹

Der Dorfhäuptling sah mich lange an, dann nickte er und sagte zu den Umstehenden: ›Es sei, wie sie sagt. Wir dürfen ihn nicht essen, aber er muss bestraft werden. Schneidet ihm die Ohren ab, kocht sie und gebt sie ihm zu essen.‹ Und das haben sie dann gemacht. Es war fürchterlich, und ich war lange krank. Aber jetzt nach all diesen Jahren habe ich von dem Gott gehört, der mir vergibt und mich auffordert, anderen zu vergeben. Ich habe dem Dorfhäuptling von damals vergeben. Mein Herz tanzt vor Freude.«

Charles liefen die Tränen über die Wangen, als er diese Worte hörte. ›All die kritischen und skeptischen Christen in England sollten hier sitzen und diese Zeugnisse anhören‹, dachte er. Für ihn gab es keinen Zweifel: In diesem dunklen Dschungel war Gottes Kraft am Wirken.

Drei Wochen später war Charles wieder unterwegs – diesmal nach Niangara, wo neben dem amtierenden Richter der neue belgische Beamte wohnte, der für den Distrikt zuständig war. Graf de Grunne – sein Vorgänger, der Charles am Anfang sehr geholfen hatte – war vor einigen Monaten an Schwarzwasserfieber, einer schweren Form der Malaria, gestorben.

Ediths Ankunft in Niangara verursachte eine ziemliche Aufregung, denn sie und die beiden anderen Missionarinnen aus der Gruppe waren die einzigen weißen Frauen im Kongo. Die belgische Regierung hatte keinen anderen Frauen, auch nicht den Gattinnen der hohen belgischen Beamten, eine Einreisegenehmigung erteilt. Die Regierung war der festen Überzeugung, dass das Land für Frauen zu unzivilisiert sei.

Und nun sollte es sogar eine Hochzeit geben! Alfreds und Ediths Eheschließung war die erste Hochzeit von Weißen überhaupt, die im Inneren des Kongo stattfand. Sie wurde zwei Tage nach dem Weihnachtsfest 1916 gefeiert, wobei zuerst ein Traugottesdienst abgehalten wurde, bevor eine entsprechende standesamtliche Zeremonie folgte. Der Gottesdienst fand auf der kleinen Missionsstation statt, die Charles und Alfred aufgebaut hatten – in jenem Lehmhaus, das sie anfangs »Buckingham Palace« genannt hatten und in dem sich Charles an die erste Zeit ihres Aufenthalts in Niangara erinnerte. Die Einheimischen – Gläubige und Unbekehrte gleichermaßen – kamen in Scharen, um dem aufsehenerregenden Geschehen beizuwohnen. Mitten im Gottesdienst brach plötzlich eine hoffnungslos überladene Sitzbank mit einem lauten Krach in der Mitte durch, und dreißig Afrikaner fielen zu Boden. Sobald klar war, dass sich niemand verletzt hatte, ging die Trauung weiter. Ein paar Stunden später wurden zehn belgische Beamte und die anwesenden Missionare zu Trauzeugen, als der höchste belgische Beamte des Distrikts die standesamtliche Heirat vollzog. Die ihn begleitenden Belgier kamen alle in ihrer weißen, mit Orden behangenen Dienstuniform, um dem historischen Ereignis beizuwohnen. Danach gab es Tee und die Hochzeitstorte.

Für ihre Flitterwochen entschwanden Alfred und Edith auf eine nahegelegene Flussinsel, und für Charles ging es nach Nala zurück, wo sich jetzt der Hauptsitz der Mission befand. Es dauerte nicht lange, da hatten die Einheimischen Charles einen neuen Namen gegeben: *Buana Mukubua* (Großer Weißer Häuptling).

KAPITEL 14

Gott in Nala finden

Vor Charles standen 81 Afrikaner, die alle auf ihre Taufe warteten. Mit jedem Einzelnen hatte er gesprochen, wobei er sich alle Bekehrungszeugnisse angehört und jeweils konkret geprüft hatte, wie der oder die Betreffende die Bibel verstand. Unter den Taufanwärtern gab es alte und junge sowie viele einfache Dschungelbewohner, aber auch drei wichtige Häuptlinge. Charles war sehr glücklich. Ihr Wunsch, sich taufen zu lassen, war auch ein Ausdruck der fortan unter ihnen bestehenden Einigkeit und der Tatsache, dass sie jetzt Brüder und Schwestern in Christus waren. Charles war zufrieden, dass sie alle den bevorstehenden Schritt verstanden hatten. Während die Gemeinde sang, trat ein Gläubiger nach dem anderen in den Fluss und wurde getauft. Bei dieser Gelegenheit erinnerte sich Charles daran, wie er vor zwölf Jahren seine vier Töchter in Indien getauft hatte.

Nur eine Woche danach tauchten einige der neu Getauften bei Charles auf und teilten ihm mit, dass sie jetzt bereit waren, selbst hinauszugehen, um in ihren Heimatstämmen und unter weiter entfernt wohnenden Heiden das Evangelium zu verkündigen. Charles war hocherfreut und lud zu einer Versammlung für all jene ein, die sich berufen wussten, Missionare zu werden. Etwa 20 Personen mit strahlenden Gesichtern fanden sich ein. Sambo, der erste Gläubige aus Nala, war auch dabei.

All das überstieg Charles' Erwartungen. Er war überwältigt, und es wurde ihm ganz warm ums Herz, als er darüber nachdachte, was so viele Christen, die für ihren Herrn brannten, erreichen konnten. Bald waren die Einzelheiten festgelegt: Jeder einheimische Missionar sollte für den vorgesehenen dreimonatigen

Einsatz drei Franc bekommen, was bei sparsamer Lebensweise reichen sollte. Weitere Regeln waren: Die Betreffenden sollten mit leichtem Gepäck reisen, eine Grasmatte als Bett und eine als Zudecke mitnehmen und ein Buschmesser sowie eine Tasse aus Emaille dabei haben.

Einen Monat später war es so weit, und Charles hatte die afrikanischen Missionare unter einem Mangobaum zu einem Aussendungsgottesdienst versammelt. Er wischte sich den Schweiß von der Stirn und gab noch ein paar Ratschläge an sie weiter.

»Dies sind meine letzten Hinweise für euch, hört gut zu. Erstens: Wenn ihr dem Teufel nicht während des Tages begegnen wollt, müsst ihr Jesus vor dem Morgengrauen begegnen! Zweitens: Wenn ihr nicht wollt, dass der Teufel euch zu Fall bringt, dann widersteht ihm im Herrn und in der Macht seiner Stärke! ›Predige das Wort‹, das ist die Waffe, die der Teufel fürchtet und hasst. Drittens: Wenn ihr nicht hinfallen wollt, dann lauft los! Lauft dabei geradeaus und mit festem Schritt! Viertens: Drei der Hunde, mit denen er uns jagt, sind Überheblichkeit, Faulheit und Begierde. Jetzt werde ich für euch alle beten und das jeden Tag tun, bis ihr wiederkommt.«

Nachdem Charles gebetet hatte, kamen einige Missionare auf ihn zu. Einer fragte: »Wie lange sollen wir im Dschungel bleiben?«

»Wenn ihr erschöpft seid, dann einen Monat, wenn nicht, dann zwei, und wenn ihr es drei Monate aushaltet, dann habt ihr es gut gemacht«, antwortete Charles.

»O nein«, entsetzte sich einer der Fragesteller, »vor einem Jahr bin ich nicht zurück.«

»Vor 18 Monaten bin ich nicht zurück«, entgegnete ein anderer.

Charles lächelte und schätzte ihren Enthusiasmus. Als er viele der neuen Missionare in den nächsten Wochen auf ihren Arbeitsfeldern besuchte, bewunderte er die Opfer, die sie auf sich nahmen, und die Ernte, die sie einbrachten. Ihm kam selten der Gedanke, dass sie lediglich seinem Vorbild nacheiferten.

Sambo, dem ein Häuptling viel Widerstand leistete, sagte zu Charles: »Es gibt nichts von außen, was die Freude innen wegnehmen kann.«

Am 14. April 1917 setzte Charles sich an seinen Campingtisch und begann zu schreiben:

> Die Arbeit hier ist ein Wunder. Sie geht in einem Maße voran, wie ich es mir nie vorgestellt habe. Gott hat überall seine Hand im Spiel. Vor dreieinhalb Jahren kamen wir als zwei Fremde her und fanden die Einheimischen in unglaublicher Sünde vor. Wir mussten erst noch die Sprache lernen, und jetzt haben wir schon etwa 100 getaufte Christen. Viele Dorfhäuptlinge bauen Schulen und andere Einrichtungen, damit wir kommen und die Menschen unterrichten. Überall finden wir offene Türen für uns und für die einheimischen Christen.

Als die einheimischen Missionare nach Nala zurückkehrten, legten viele von ihnen ihr gesamtes Dreimonatsgehalt zurück in die Opferbüchse. Sie hatten überhaupt nichts ausgegeben. Die Berichte, die sie weitergaben, inspirierten viele andere, und schon im August wollten fünfzig weitere Personen getauft werden und viele von ihnen ebenfalls als Missionare ausziehen. Charles, Alfred und die anderen arbeiteten hart, um sie für diese Aufgabe vorzubereiten.

Als die Gemeinde wuchs, baten die Einheimischen um Leseunterricht, damit sie Gottes Wort selbst studieren konnten. Zwei Schulen wurden daraufhin eingerichtet, eine für Jungen und eine für Mädchen.

Nur ein Jahr später, im Mai 1918, strömten die Menschen aus entlegenen Dörfern nur so nach Nala. Die Nachricht von dem, was hier geschah, hatte sich herumgesprochen, und die Leute kamen auch von weit her. Eines Tages tauchten vier fremde Männer in Nala auf. Sie hatten einen 20-tägigen Fußmarsch auf sich genommen und erklärten Charles: »Wir sind nach Nala gekommen, weil alle Welt weiß, dass man Gott in Nala finden kann.«

Mittlerweile gab es jeden Sonntag Taufen in Nala. Häuptlinge kamen persönlich und baten um Missionare für ihre Dörfer. Einige von ihnen verkündeten, dass sie sogar schon eine Kapelle und ein Wohnhaus für den zu erwartenden Missionar gebaut hätten!

Im nächsten Monat schwang Charles sich wieder zu einer Missionsreise aufs Rad. Als er in das Dorf Deti in der Provinz Ituri kam, erklärte er dem Dorfhäuptling und seiner Frau das Evangelium. Die Frau verstand es sofort und rief aufgeregt: »Ich hab's doch schon immer gesagt, dass es so einen Gott geben muss!«

Es dauerte nicht lange, bis der Häuptling genug gehört hatte und Charles ein Stück Land für den Fall anbot, dass er jemanden als Lehrer in sein Dorf schicken würde. Diese Gelegenheit sollte nicht ungenutzt verstreichen. Gleich nach seiner Rückkehr sandte er das Ehepaar Ellise nach Deti. Sie sollten die dortige Missionsstation eröffnen.

Nach sechs Monaten besuchte Charles die Ellises wieder und wollte sehen, wie es in Deti voranging. Er war erstaunt. Einer der ersten Gläubigen war ein Blinder namens Ndabani. Als er noch ein Teenager gewesen war, hatte jemand ihm roten Pfeffer in die Augen gerieben, damit er nicht Häuptling werden konnte. Jetzt aber war er »Häuptling« der wachsenden Schar der Christen am Ort.

An einem Sonntagmorgen machte Charles die Beobachtung, dass die Leute schon kurz nach der Morgendämmerung zum wöchentlichen Gottesdienst zusammenkamen. Zu Beginn war der Versammlungsraum so eng besetzt, dass Charles Schwierigkeiten hatte, zum Rednerpult zu gelangen.

Obwohl Charles' Predigt erst in die Kingwana-Sprache übersetzt werden musste, saßen die Leute in absoluter Stille da und hingen an seinen Lippen. Am Ende der Predigt betete Charles, dass die Gemeinde in Deti bald ihre eigenen Missionare aussenden würde.

Auf dem Heimweg hastete er, so schnell er konnte, nach Nala zurück, denn dort wartete ein Ereignis auf ihn, das er nicht verpassen durfte. Seine Tochter Edith stand kurz vor der Entbindung des ersten weißen Babys im Kongo. Er traf gerade noch rechtzeitig ein – unmittelbar nach seiner Ankunft wurde seine Enkeltochter Susan geboren, und kurz darauf dankten die Anwesenden Gott in einer Gebetsversammlung für die Geburt des gesunden Kindes.

Gebetszusammenkünfte wurden auch aus anderen Gründen einberufen. Sehr oft war es der Lehrermangel, der die Mitarbeiter ins Gebet trieb. Weil die einheimischen Erwachsenen nie zur Schule gegangen waren und weder lesen noch schreiben gelernt hatten, war es unmöglich, sie ohne Weiteres zu Lehrern auszubilden. Aus Europa kamen seit eineinhalb Jahren keine neuen Missionare mehr, weil dort der Krieg tobte.

Manchmal kamen neue Mitarbeiter aus Orten, die weit abseits lagen. So kreuzte eines Tages ein Ehepaar mit einem Träger in Nala auf. »Ich bin Gamutu aus dem Asande-Stamm«, stellte sich der Mann vor. Dann kam er sofort zur Sache: »Ich bin über 300 Kilometer zu Fuß hierhergelaufen, um von Gott zu hören. Ein Mann kam durch unser Dorf und erzählte, dass hier über Gott gelehrt wird. Ich wollte schon immer etwas über Gott wissen; also haben wir kurzerhand unsere Sachen gepackt und sind hierhergekommen. Wann bitte ist die erste Unterrichtsstunde?«

Charles lachte über Gamutus Begeisterung. Es dauerte aber nicht lange, bis sich sein Lachen in eine tiefe Bewunderung wandelte, weil ihm Gamutus natürliche Leiterschaftsbegabung, sein reger Geist und seine schnelle Auffassungsgabe auffielen. In nur einem Jahr war Gamutu Leiter der Jungenschule geworden.

Es war sehr gut, dass die Einheimischen Führungspositionen in der Gemeinde und in der Schule einnahmen, denn Alfred und Edith waren reif für einen Heimaturlaub. Alfred war bereits fünf Jahre im Kongo und brauchte dringend eine Pause. Charles' Anliegen war natürlich, dass Alfred in England durch seine Berichte das Interesse an der Arbeit im Kongo bei vielen wecken und neue Mitarbeiter mitbringen würde.

Am Morgen jenes Tages, an dem die Buxtons abreisten, gab es einen großen Verabschiedungsgottesdienst in der Gemeinde. Hunderte kamen, um Alfred und seiner Familie Lebewohl zu sagen. Charles hielt eine kurze Ansprache.

»Alfred war mir wie ein treuer Sohn und ein Herzensfreund«, begann er. »Keiner außer Gott kennt die tiefe und geistliche Gemeinschaft, die wir hatten. Worte können sie nicht beschreiben. Mein Leben verdanke ich nächst Gott Alfreds hingebungsvoller Pflege und Fürsorge.«

Als er fertig war, bat Alfred ihn um Handauflegung und Gebet. Daraufhin ging Charles zu Alfred hinüber. Ihm flossen die Tränen herunter, als er Gott für die Buxtons um eine bewahrte Reise nach England und eine sichere Rückkehr nach Nala bat.

Charles hatte nicht damit gerechnet, wie einsam er sich ohne Alfred fühlen würde, aber aufgrund guter Nachrichten fasste er wieder Mut. Der Erste Weltkrieg war zu Ende, und Priscilla versprach, bis Anfang 1920 neue Missionare zu schicken. Unter den Neuankömmlingen waren auch Charles' Tochter Pauline und ihr Mann Norman Grubb.

Es war, als ob in England ein frischer Wind wehte, und aus Priscillas Briefen klangen Optimismus und Hoffnung. Dorothys Mann, Gilbert Barclay, war jetzt der Vorsitzende des Missionskomitees. Dieser war ein Mann nach Charles' Herzen, denn Gilbert hatte dieselbe Perspektive wie er und war ebenfalls der

Ansicht, dass die Mission auf alle Kontinente ausgedehnt werden sollte. Unter Gilberts Federführung wurde schließlich auch der Name des Missionswerks in »Worldwide Evangelisation Crusade« oder kurz WEC geändert.[22]

Weitere Briefe folgten, in denen die Pläne, den WEC zu einem international tätigen Missionswerk zu machen, weiter konkretisiert wurden. Und weil immer mehr Missionare und Missionsinteressierte das Haus der Studds als Durchgangsquartier nutzten, wurde ein weiteres Gebäude in der Highland Road 19 dazugekauft. Im weiteren Verlauf des Jahres 1920 brachen Priscilla und Alfred zu einer Vortragsreise durch die USA auf, um neue Mitarbeiter und Finanzen für das Werk im Kongo und das geplante neue Missionsfeld in Südamerika (Arbeit im Amazonasbecken) zu gewinnen.

Edith blieb in London, während ihre Mutter und ihr Mann in Amerika waren. In deren Abwesenheit brachte sie das zweite Kind, den Sohn Lionel, zur Welt.

Und es gab noch mehr Neuigkeiten. Priscilla hatte einfach entschieden, dass ihr Mann eine Sekretärin brauchte, und teilte ihm mit, dass May Wilson bereits auf dem Weg in den Kongo sei. Als geübte Schreibkraft hatte sie einen ordentlichen Papiervorrat und ihre eigene Schreibmaschine dabei. Charles wusste nicht genau, was er davon halten sollte. Bisher hatte er den gesamten Schriftverkehr allein geführt, aber wenn er ehrlich war, musste er schon zugeben, dass es ihm mit seinen 60 Jahren ein wenig viel wurde.

Die Ankunft von Miss Wilson begeisterte ihn nicht gerade, aber er freute sich riesig auf Alfreds Rückkehr. Gut, dass er nicht wusste, welche schweren Kämpfe vor ihnen lagen.

---

22 A. d. H.: Svw. »Weltweiter Evangelisationskreuzzug«, heute »Weltweiter Einsatz für Christus«. Die im englischsprachigen Raum benutzte Abkürzung (WEC) wird nach der Umbenennung nun auch für die deutsche Bezeichnung dieses Missionswerks gebraucht.

KAPITEL 15

Ein neues Abenteuer

»Herzlich willkommen, mein Lieber – schön, dich wiederzuhaben«, begrüßte Charles seinen Missionarsbruder mit einem kräftigen Schulterklopfen. Dann wandte er sich seiner Tochter Edith zu und umarmte sie. »Gott sieht dein Opfer«, flüsterte er ihr ins Ohr. Sie hatte ihre beiden Kinder, die zweieinhalbjährige Susan und das Baby Lionel, in der Obhut ihrer Schwiegermutter in England zurückgelassen. Beide Kinder hatten Probleme mit den Bronchien, und die Ärzte hatten Alfred und Edith erklärt, dass für sie im Kongo Lebensgefahr bestand.

Man schrieb das Jahr 1921, und Charles hatte zu dem ganzen Geschehen in Europa den Draht verloren. Fünf Jahre hatte er ohne Unterbrechung im Kongo gearbeitet, wobei er partout keinen Heimaturlaub nehmen wollte. »Gott hat mich hierher geschickt, und ich gehe nicht, bevor er es mir nicht sagt«, war seine Antwort jedem gegenüber, der ihm einen Heimataufenthalt empfahl.

Er ging gekrümmt, und alle seine Zähne waren entweder abgebrochen oder ganz ausgefallen. »Willst du nicht zu Hause einen Zahnarzt aufsuchen und dir Zahnersatz machen lassen?«, wurde er immer wieder gefragt.

»Wenn Gott mir neue Zähne geben will, kann er genauso gut jemanden hierher schicken, der sie mir einsetzt«, war dann seine Antwort.

Seine Kollegen lachten und fanden ihn insgeheim unmöglich, doch das störte Charles nicht.

Jetzt, wo Alfred und Edith wieder in Nala waren, konnte Charles endlich weiterziehen. Er hatte mehrere Predigtreisen in den Süden nach Ibambi gemacht und war von der großen Anzahl neuer Gläubiger in diesem Gebiet sehr beeindruckt. Er betete darüber, und ihm wurde deutlich, dass Gott ihn dort wirklich haben wollte.

Wie ein Lauffeuer verbreitete sich die Nachricht, dass *Buana Mukubua* auf dem Weg nach Ibambi war. Hunderte Christen säumten seinen Weg, sangen geistliche Lieder und freuten sich, dass Charles zu ihnen kam. Er war überwältigt.

In Ibambi brauchte er nicht lange, um sich einzurichten. Noch immer benutzte er seinen alten Klappstuhl und das Reisebett, das er vor etlichen Jahren mit in den Dschungel gebracht hatte. Schon am zweiten Tag in Ibambi begann er, die Kingwana-Sprache zu lernen. Und genau wie Nala wurde auch Ibambi bald zu einem Zentrum für die ganze christliche Arbeit in der Gegend.

Fünf Stunden Fußmarsch hinter Ibambi lag das Dorf des Häuptlings Imbai. Die Dorfbewohner hatten eine Kirche gebaut, die 1250 Menschen Platz bot. Sie wurde auch »Kricketplatz-Kirche« genannt, weil sie die Länge eines Kricketfeldes hatte. Manchmal, wenn Charles vorn stand und zu den Zuhörern sprach, wurde er an seine alten Tage als Kricketstar erinnert. Er sah die Kirche in ihrer ganzen Länge und stellte sich vor, dass er jetzt an der Reihe war, den Schlag auszuführen, und den Werfer am anderen Ende des Platzes fokussierte. Aber seine Kricket-tage waren längst Vergangenheit. Charles war nicht mehr scharf auf die Jubelrufe der Zuschauer oder die Meinung der Kommentatoren. Vielmehr war er auf das Heil der Seelen derer bedacht, die um ihn her verloren waren.

Er achtete bei den afrikanischen Bekehrten – ob Mann oder Frau, ob alt oder jung – immer darauf, dass sie das Evangelium auch wirklich verstanden und im Alltag umsetzten. Da sah er viel Positives, z. B. bei Häuptling Imbai. Die belgischen Beamten hatten Imbai vorgeladen und ihm mitgeteilt, dass ihm pro Jahr 600 Franc zustanden, weil er das für die Kirche genutzte Grundstück der Mission überlassen hatte. Sie wollten die Dokumente fertig machen und ihm beim Einzug des Geldes helfen.

»Auf keinen Fall«, protestierte der Häuptling, »ich habe Gott das Land gegeben, und jetzt kann ich doch nicht Geld dafür verlangen.«

Die belgischen Beamten trauten ihren Ohren nicht und wiederholten das Angebot noch dreimal. Jedes Mal erhielten sie jedoch dieselbe Antwort, bis sie endlich merkten, dass Häuptling Imbai es ernst meinte.

In einem anderen Ort, der drei Stunden Fußmarsch von Ibambi entfernt lag, trafen sich jeden Sonntag 600 Afrikaner zum Gottesdienst. Viele von ihnen brachten ihre Schlafmatten zur Übernachtung mit, sodass der Gottesdienst am Montag weitergehen konnte.

Wo Charles auch hinkam, predigte er und las laut aus der Bibel vor. Wenn er dann Schluss machte, gab es häufig lauten Protest von den alten Männern und Frauen: »Hör jetzt bloß nicht auf, solche Worte haben wir noch nie gehört. Vielleicht sterben wir, bevor wir sie wieder hören können; also lies bitte weiter.«

In den vierzig Jahren seines Missionsdienstes hatte Charles noch nie eine solche Offenheit für das Evangelium erlebt. Immer mehr einheimische Missionare wurden zu anderen Stämmen ausgesandt, und die Erlebnisse, die sie bei ihrer Rückkehr erzählten, waren unglaublich. So wurde beispielsweise ein Missionar, der in einem Dorf von Jesus weitersagte, verprügelt. Nachdem er geschlagen worden war, schüttelte er dem Häuptling die Hand und dankte ihm für die Ehre, um Jesu willen misshandelt worden zu sein. Ein anderer Missionar wurde eingekerkert. Daraufhin versammelten sich innerhalb weniger Stunden viele der Neubekehrten vor dem Gefängnis und baten darum, mit ihrem Glaubensbruder eingesperrt zu werden.

Diese und viele andere Begebenheiten gaben Charles die Gewissheit, dass er an der richtigen Stelle war. Obwohl der Missionsvorstand in der Heimat und seine beiden Schwiegersöhne, die mit ihm im Kongo arbeiteten, ihm einen Heimaturlaub nahelegten, wollte Charles nichts davon hören. Indem er versuchte, seine Sichtweise bestmöglich zu erklären, schrieb er dem Vorstand folgende Worte:

> Glaubt ihr etwa, dass ich die Schreie der Menschen nach Verkündigern des Evangeliums und ihren sehnlichen Wunsch nach neuen Lehrern ignorieren werde? Neue Lehrer kann ich ihnen nicht schicken, weil niemand bereit ist, sich senden zu lassen. Aber ich selbst kann wenigstens eine kleine Lücke schließen. Es stimmt, ich bin nicht so effektiv wie ein junger Lehrer, aber immer noch effektiver als gar keiner. Und wenn andere sich bei dem Ruf der Sünder, die auf dem Weg zur Hölle sind, aber den Weg zum Himmel wissen wollen, die Ohren zuhalten und einfach nicht kommen, dann zeigt zumindest meine Gegenwart den Menschen: Damit sie gerettet werden, gibt es noch immer einige, die ohne Rücksicht auf ihr Leben alles daransetzen, dass genau dies geschieht.

Regelmäßig musste Charles mit Malaria-Anfällen kämpfen. Eines Abends, kurz nachdem er nach Ibambi gezogen war, wurde er so krank, dass Alfred und Edith ihn pflegen mussten. Außerdem verkündeten sie ihm, dass Pauline einen gesunden Jungen namens Noel zur Welt gebracht hatte. Alfred badete Charles und wachte bis Mitternacht an seinem Bett. Anschließend begab er sich in die Nachbarhütte, um selbst ein wenig zu schlafen.

Etwa zwei Stunden später wurde Charles von einem markerschütternden Schrei geweckt. In Sekundenschnelle stand Edith im Eingang seiner Hütte: »Vater, schnell!«, keuchte sie. »Alfred hat Krämpfe und liegt bewegungslos da.«

Charles nahm alle Kraft zusammen, raffte sich auf und schleppte sich – auf seine Tochter gestützt – zu Alfred. Dann begann er, ihn unter seinem Moskitonetz zu untersuchen. Alfred atmete flach. Charles' zitternde Hände glitten vom Hals zur Brust und fassten dann seine Handgelenke, um den Puls zu ertasten.

»Ein Krampfanfall«, meinte Charles, zu seiner Tochter gewandt.

Den Rest der Nacht verbrachte er neben Alfreds Bett. Wer in diese Hütte hineinsah, konnte nicht wissen, wer der Pfleger und wer der Patient war. Am nächsten Morgen war Alfred wieder bei Bewusstsein, aber immer noch desorientiert und schwach. Es dauerte Wochen, bis er wieder ganz gesund war und weitermachen konnte.

Inzwischen arbeiteten 40 WEC-Missionare im Kongo, und von Priscilla kam die Nachricht, dass der WEC seine Arbeit ausgedehnt hatte: Ein dreiköpfiges Erkundungsteam war in das Amazonasgebiet geschickt worden. Außerdem gab es jetzt infolge der Reise, die Priscilla und Alfred im Vorjahr durch die Vereinigten Staaten unternommen hatten, auch dort ein Aussendungszentrum. Innerhalb eines Jahres sollten amerikanische Missionare in den Kongo reisen.

Viele der Missionarskollegen, die mit Charles bereits im Einsatz standen, waren wagemutig und opferten sich selbst für die Arbeit auf. Aber andere hinterfragten das spartanische Leben, das Charles von ihnen verlangte. Was war gegen einen freien Tag oder gegen einen Holztisch sowie Holzstühle und Glasfenster in den Missionarshütten einzuwenden? Was war so verkehrt an ein paar Vorräten von zu Hause, um damit von Zeit zu Zeit eine westliche Mahlzeit zu genießen?

Für Charles waren das »verweichlichte« Missionare, und er wusste nicht, was er ihnen sagen sollte. Wieder einmal vertraute er es seinem Tagebuch an:

> Solange ich hier im Sattel sitze, werde ich reiten und andere anleiten mitzureiten. Ich will nicht auf einem weichen Luxus-

bett in den Himmel getragen werden. Wir müssen uns entscheiden: Entweder wir essen und trinken, denn morgen sind wir tot, oder wir setzen wie Spieler unser ganzes Leben für unseren Herrn Jesus ein – bis in den Tod. Hier draußen werden nur Draufgänger gebraucht. Die Meckerer mögen nach Hause gehen.

Einige Monate später kam die Nachricht, dass Noel Grubb, der Sohn von Pauline und Norman, an seinem ersten Geburtstag plötzlich gestorben war. Charles trauerte mit seinen Kindern und erinnerte sich daran, dass auch er seine zwei Söhne beerdigt hatte. Aber dann vertiefte er sich wieder in seine Arbeit, indem er während der Woche unterrichtete und Bibeltexte in die Kingwana-Sprache übersetzte, wohingegen er an den Wochenenden das weitere Umland evangelisierte.

Charles begann seine Evangelisationstouren gewöhnlich am Freitagabend gegen 19 Uhr. So konnte er den ganzen Tag normal arbeiten und dann bei Einbruch der Dunkelheit zur Wochenendtour aufbrechen. In den ersten Jahren seines Kongo-Aufenthalts ging er zu Fuß oder fuhr mit dem Fahrrad, aber jetzt erlaubte er es acht starken jungen Männern, ihn in einer offenen Sänfte zu tragen. Seine Träger waren hingegebene Christen. Andere hätten es auch gar nicht gewagt, bei Nacht in den von Leoparden heimgesuchten Dschungel zu ziehen. Charles war strikt gegen jede Sonderbehandlung; in diesem Fall musste er aber zugeben, dass er ohne Träger nicht weit gekommen wäre.

Charles reiste stets mit kleinem Gepäck. Er packte ein paar Decken, eine Lampe, etwas Medizin für die Menschen unterwegs und seine Bibel ein. Dann ging es auf den Schultern der Träger los in die Nacht; vorn lief der Anführer mit Speer und Lampe. Etwa gegen Mitternacht gab Charles dann ein Zeichen, und es wurde eine Pause eingelegt, sodass auch die Träger ein wenig ausruhen konnten. Sobald der Morgen anbrach, zogen sie dann wieder weiter, bis sie in das jeweilige Dorf kamen. Da hatte sich die Nachricht vom Kommen des *Buana Mukubua* schon wie ein Lauffeuer verbreitet, und Hunderte von Leuten säumten seinen Weg.

Nach der Ankunft auf der Missionsstation gab es zuerst eine Tasse Tee. Dabei erkundigte Charles sich, wie es den Missionaren ging und welche Fortschritte ihre Arbeit machte. Nach einem kleinen Schläfchen war er wieder frisch genug für den großen Gottesdienst am Mittag. Charles war immer davon beeindruckt, welch große Menschenmengen da zusammenkamen. Es war keine Seltenheit, dass sich über 2000 Menschen versammelten. Nachdem die Buschtrommeln erklungen waren, hatten sie dem Ruf zum Gottesdienst Folge geleistet. Erst wurden Lieder gesungen, dann folgten Gebete und die Predigt. Bei Einbruch der Nacht wurde ein großes Feuer für diejenigen angezündet, die über Nacht bleiben wollten. Das waren die meisten, und manchmal verweilten sie sogar noch eine weitere Nacht. Es kam öfter vor, dass Charles sich erst am Mittwochmorgen von der versammelten Menge verabschiedete, um zu seiner normalen Arbeit zurückzukehren.

Er hatte sich ein äußerst anstrengendes Pensum auferlegt, und ständig hatte er das Gefühl, keine Minute verschwenden zu dürfen.

Im Laufe der Regenzeit 1921 kamen zwei sehr unterschiedliche Menschengruppen nach Ibambi. Die erste bestand aus einem Engländer und seinen drei Trägern. An einem Nachmittag spazierte er in Charles' Hütte und begrüßte ihn wie einen alten Freund.

»John Buck mein Name. Ich hatte einen langen Weg, um Sie hier zu finden«, sagte er.

»Hier ist eine Tasse Tee, lassen Sie hören.« Charles war neugierig.

Der Fremde ließ sich auf einem von Charles' Klappstühlen nieder und begann: »Ich bin Zahnarzt, und vor eineinhalb Jahren hat Gott mir klar gezeigt, dass ich Ihnen im Kongo die Zähne sanieren sollte. Ich habe mich daraufhin beim WEC als Zahnarzt beworben, wurde aber abgelehnt. Man sagte, dass ich zu alt sei.«

Charles sah sich Johns Gesicht an und schätzte ihn etwa halb so alt wie sich selbst. Er musste unweigerlich lachen.

»Wie gesagt, ich hatte Anweisungen von ganz oben, Ihre Zähne zu reparieren, darum habe ich meine Praxis in London aufgegeben und ein Schiff nach Afrika bestiegen. Ich wäre schon viel früher gekommen, wenn mir nicht unterwegs das Geld ausgegangen wäre. Also musste ich erst einmal sechs Monate in Afrika arbeiten, um das Restgeld für die Reise zusammenzubekommen. So, und jetzt bin ich hier.«

Zum ersten Mal in seinem Leben fehlten Charles die Worte. Gott hatte doch tatsächlich einen Zahnarzt um den halben Erdball geschickt, um ihm künstliche Zähne zu schenken!

Im Laufe der nächsten Woche zog John das, was von Charles' Zähnen noch übrig war, heraus und fertigte ihm ein Gebiss an. Charles war hellauf begeistert. Jetzt konnte er viel besser singen und auch den einen oder anderen Scherz machen, denn künstliche Gebisse waren den Afrikanern gänzlich unbekannt. Einmal nahm er eine Zange und tat so, als ob er sich die ganze obere Zahnreihe mit einem Mal herauszöge. Die Afrikaner waren entsetzt. Ein anderes Mal nahm er das Gebiss während einer Gebetsversammlung heraus, und die Anwesenden hatten keine Erklärung für das plötzliche Verschwinden seiner Zähne.

Die zweite Gruppe, die im Kongo eintraf, bestand aus sieben neuen Missionaren, die der US-amerikanische Zweig des WEC nach Afrika geschickt hatte. Alfred freute sich sehr über die neuen Kollegen, die er zum Teil persönlich angeworben hatte und von deren Eignung er überzeugt war. Aber Charles nahm eine andere Haltung ein. Hatten die bisherigen WEC-Missionare, die alle aus Großbritannien gekommen waren, eine überwiegend methodistische oder presbyterianische Prägung mitgebracht, so waren die neu angekommenen Amerikaner hauptsächlich Baptisten, und es dauerte nicht lange, bis die britischen und amerikanischen Missionare erbittert über die Auslegung bestimmter Bibelverse debattierten. Statt den Streit zu schlichten, stellte Charles sich eindeutig auf die Seite der Briten. Die Amerikaner waren so frustriert, dass sie nach einigen Wochen ihre Heimreise androhten und wenig später tatsächlich abreisten und nie wieder zurückkehrten.

Zuerst waren alle geschockt, dann aber flogen harte Anschuldigungen durch den Raum. Besonders Alfred war entsetzt, mit welcher Feindschaft man den amerikanischen Missionaren begegnet war. Er kritisierte Charles, der einseitig Partei ergriffen hatte, anstatt die Debatte zu entschärfen.

Die Abreise war noch nicht das Ende. Die amerikanischen WEC-Missionare schrieben an ihre Heimatleitung, und kurz darauf drohte der amerikanische Zweig des WEC damit, ganz auszusteigen und eine eigene Mission zu gründen.

Es gab noch weiteren Zündstoff zwischen Charles und seinem Schwiegersohn. Alfred konnte es nicht verstehen, dass Charles seiner Frau Priscilla verboten hatte, in den Kongo zu kommen, obwohl sie in der ganzen Welt herumreiste, um den WEC bekannt zu machen. Nach außen hin behauptete Charles, dass Priscilla zu wichtig für die Arbeit des WEC sei und durch eine Reise in den Kongo, wo sie sich eine Tropenkrankheit holen könnte, die ganze Arbeit der Mission gefährden würde. Aber in Wirklichkeit gab es noch einen anderen Grund. Charles war fest entschlossen, nur dann nach Hause zu fahren, wenn Gott es ihm sagen würde, und Priscilla war für ihn eine Versuchung, in dieser Angelegenheit anders zu entscheiden. Charles befürchtete nämlich, dass er – wenn sie ihn hier im Busch besuchen käme – sich nicht mehr von dem Wunsch würde lösen können, sie ständig an seiner Seite zu haben. Das würde bedeuten, dass entweder er nach England zurückkehren oder sie bei ihm im Kongo bleiben müsste. Das eine schadete der Missionsarbeit im Kongo, das andere wäre das Ende der äußerst effektiven Mitarbeitergewinnung in Großbritannien. Als alter Soldat Christi, der die Mission fast fünfzig Jahre an die erste Stelle gesetzt hatte, kam für ihn keine von diesen beiden Optionen infrage. Darum plädierte Charles dafür, dass sie einander nicht wiedersahen.

In den folgenden Jahren erhielt Charles immer mehr Briefe von WEC-Vorstandsmitgliedern, in denen sie zum Ausdruck brachten, dass sie mit seinen Entscheidungen nicht einverstanden waren. Charles entschied, dass am besten Pauline und Norman nach England reisen sollten, um die Dinge persönlich zu klären. Natürlich verabschiedete Pauline sich vor der Abfahrt von ihrem Vater. Dabei hatte Charles das komische Gefühl, dass er seine Tochter nicht wiedersehen würde. Betroffen wollte er ihr etwas Wertvolles schenken. Er schaute sich kurz im Raum um, sah jedoch nur eine alte Dose Nestlé-Milch mit Bleistiften darin, dazu ein paar zerlesene Bibeln, seinen Kamm und einige geflickte Kleidungsstücke – sonst nichts. Er schüttelte den Kopf und sagte: »Meine liebe Pauline, ich würde dir sehr gern etwas schenken, aber ich habe bereits alles vor Jahren Jesus geschenkt.«

KAPITEL 16

Kein Schokoladensoldat

Charles überkam ein großes Gefühl der Erleichterung. Es war Juli 1926 geworden, und Gott hatte ihn lange genug leben lassen, um das Neue Testament und die Psalmen in die Kingwana-Sprache übersetzen zu können. Er prüfte das Manuskript ein letztes Mal, wickelte es ein und schickte es per Post an die Küste, wo es gedruckt werden sollte. Vieles war im Laufe der Jahre einfacher geworden, auch die Beförderung der Post. Musste früher ein Läufer zwölf Stunden von Nala zum nächsten Postamt laufen, so durchzogen jetzt Straßen das Land, und eine führte auch nach Ibambi. Das Postauto mit Briefen und Paketen kam jetzt einmal die Woche.

Diesmal fand Charles einen Brief von Alfred vor. Er schrieb, dass er und Edith sich gerade in den USA befänden. Sie seien dorthin eingeladen worden, um die Zukunft von WEC USA zu besprechen. Außerdem sei es ihm ein großes Anliegen, nochmals darüber zu reden, warum das Zusammentreffen der Amerikaner und Briten auf der Missionsstation so unglücklich verlaufen war. Diese Worte machten Charles wütend. Seiner Meinung nach waren allein die amerikanischen Missionare an der Misere Schuld. Die Arbeit hatte durch ihre Uneinsichtigkeit und voreilige Abreise Schaden genommen. Es ärgerte ihn sehr, dass Alfred und Edith da noch irgendetwas klären wollten. Bevor er sich beruhigt und sich ein umfassenderes Bild gemacht hatte, verfasste Charles einen aufgebrachten Brief an Alfred: »Alfred, ich bezichtige Dich der Untreue und habe entschieden, Dich als Missionar zu entlassen. Edith, meine eigene Tochter, braucht gar nicht erst zurückzukommen. Ich kann, will und werde mich nicht mit Halbherzigkeiten abgeben.«

Charles' Missionarskollegen waren über sein Verhalten sehr schockiert. Alfred war doch maßgeblich am Aufbau der Mission im Kongo beteiligt gewesen und hatte sich seit 13 Jahren als treuer Mitstreiter in der ganzen Arbeit erwiesen! Bedauerlicherweise konnte Charles in dieser Sache nicht über seine persönlichen Gefühle hinaussehen.

Im Februar 1928 brachte das Postauto eine etwas andere Fracht nach Ibambi. Als der Wagen im Dorf hielt, stieg Priscilla Studd aus. Dieses Mal hatte sie ihren Mann nicht um Erlaubnis gefragt. Sie hatte ihm einfach das Ankunftsdatum mitgeteilt. Charles, 30 Missionare und 2000 einheimische Christen waren ihretwegen zusammengekommen. Viele von ihnen lachten erfreut, als sie »Mama Buana« zum ersten Mal sahen. Ihnen war schon oft gesagt worden, dass Charles eine Frau in England hatte, die sich mit aller Kraft darum kümmerte, dass weitere Missionare ausgesandt wurden, aber viele bezweifelten ernsthaft, dass es sie wirklich gab.

Nun standen Charles und Priscilla Seite an Seite. Priscilla hatte ihr Leben dafür eingesetzt, dass in England Missionare und Gelder für die Menschen, die um sie herum standen, gewonnen werden konnten. Charles wunderte sich, wie gut sie noch mit ihren 64 Jahren aussah. Sie für ihren Teil war so höflich und nett, ihn nicht darauf anzusprechen, wie sehr er gealtert war.

Es hatte viele Schwierigkeiten seit ihrem letzten Treffen gegeben, einschließlich der Entlassung von Alfred und Edith. Priscilla erzählte ihrem Mann, dass Edith jetzt in einem Haus in London wohnte, während sich Alfred mit einigen der amerikanischen Kollegen der Sudan-Inland-Mission angeschlossen hatte und in Äthiopien arbeitete. Des Weiteren hatten Alfreds Entlassung und Charles' hartnäckige Weigerung, den vom Vorstand verlangten Heimaturlaub anzutreten, viele Missionare und Unterstützer dazu gebracht, den Kontakt zum WEC abzubrechen. Außerdem gab es da noch dieses Gerücht, dass Charles morphiumabhängig sei und den Bezug zur Realität verloren habe.[23] Aber die beiden besprachen diese Dinge nicht im Detail. Es tat zu sehr weh. Und Charles hatte nicht die geringste Absicht, nachzugeben oder »nach Hause« zu fahren.

Jetzt, wo Mama Buana im Kongo war, wurden eilig tägliche Versammlungen abgehalten, bei denen sie mithilfe eines Übersetzers sprach. Trotzdem blieb sie insgesamt nur zwei Wochen in Zentralafrika. Die Arbeit daheim in London wartete. Als die Zeit des Abschieds gekommen war, wusste Charles, dass es ihr letzter sein würde. Dieser Abschied war für immer. Auf dieser Erde würde er seine Frau nicht wiedersehen. Charles verabschiedete sich leise in seiner Hütte von ihr. Sie beteten gemeinsam und baten Gott um Segen für die Arbeit, die Kinder und die Enkelkinder. Dann gingen sie langsam Arm in Arm zum wartenden Postauto. Die versammelte Menschenmenge war merkwürdig still in diesem Moment.

Charles beobachtete Priscilla, wie sie in den Wagen stieg. Die Tür wurde geschlossen, und als der Wagen sich in Bewegung setzte, blickte sie fest geradeaus. Charles erklärte es sich so: Sie blickte fest nach vorn, weil beide noch Aufgaben hatten und ihre Augen fest darauf richten wollten, mit jedem Fünkchen Kraft, das ihnen noch blieb.

Elf Monate später erhielt Charles einen Brief von Pauline. Nach nur einem Tag Krankheit war Priscilla Studd am 15. Januar 1929 gestorben. Damit war sein letztes Band, das noch nach England geknüpft war, durchtrennt, und Charles wusste, dass er den Kongo nicht mehr verlassen würde.

Ein Jahr später erhielt Charles die Nachricht, dass er für seine Verdienste eine Ehrenauszeichnung erhalten hatte: Man hatte ihn zum Ritter des Königlich-Belgischen Löwenordens ernannt.

---

23 A. d. H.: Aus anderen Quellen geht eindeutig hervor, dass C. T. Studd Morphium ausschließlich als Schmerzmittel benutzte, um seinen Dienst fortsetzen zu können.

Er war zu schwach, um in die Hauptstadt zu reisen und die Auszeichnung persönlich entgegenzunehmen. Seine einheimischen Freunde waren überaus beeindruckt von der Medaille, aber für Charles hatte sie wenig Bedeutung. Er sagte allen: »Gottes Auszeichnung bedeutet mir weitaus mehr als die eines Menschen – und mag er auch König sein.«

Im Frühjahr 1931 war Charles so geschwächt, dass er kaum noch aus dem Bett kam. Dennoch fühlte er sich nicht einsam. Viele Gläubige kamen vorbei, um sich Rat zu holen oder ermutigende Worte für ihren Dienst zu erbitten. Einer von ihnen war ein kleiner Mann namens Zamu. Er setzte sich zu Charles ans Bett und sagte: »Ich bin hergekommen um Auf Wiedersehen zu sagen. Ich bin auf dem Weg zu Stämmen, deren Siedlungsgebiete weit entfernt liegen. Es sind unsere Erzfeinde, und ich will ihnen das Evangelium bringen. Ich habe schon mit Mama Roupell[24] darüber geredet.«

»Und was hat sie gesagt?«, fragte Charles.

»Sie hat mich gefragt, wie es meinem Fuß geht«, antwortete der Afrikaner und schaute auf das große Geschwür an seiner linken Ferse. Ich entgegnete ihr: ›Aber Gott *ist doch da*, weiße Dame.‹ Und dann sagte sie mir, dass das Essen dort ganz anders ist und ich ohne Palmöl und Salz unter Mangelernährung leiden würde. Was konnte ich ihr anderes entgegen als: ›Aber Gott *ist doch da*, weiße Dame.‹ Und dann fragte sie mich, was meine Frau davon hält. Und ich antwortete: ›Meine Frau folgt mir nach, wohin ich auch gehe. Wir werden zusammen für Gott reisen und den Mund aufmachen.‹«

Charles nickte schwach. Er kannte Zamu gut und glaubte ihm.

»Ja, du hast recht. Gott ist da«, erwiderte Charles und krempelte einen Ärmel hoch. »Zamu, sieh dir diesen Arm an. Der war einmal stark und muskulös; jetzt ist er dürr, und die Mus-

24 A. d. A.: So bezeichnete Zamu eine der Missionarinnen.

keln sind weg. Ich kann dich nicht begleiten, meine Zeit bei euch ist fast abgelaufen. Ich kann nur noch von einem Tag zum anderen leben, so wie Gott mir Kraft gibt; also rechne nicht mit mir, sondern mit Gott. Er ist bei dir, er stirbt nicht, und er wird dich bewahren.«

Dann setzte Charles sich auf. »Schäme dich nicht, hab keine Angst, predige mutig das Evangelium. Ziehe die Flagge Gottes nicht in den Schmutz. Halte sie hoch und bringe keine Schande über sie. Sei wie ein Soldat und überwinde, was dich hindern will.«

Zamu nickte.

»Zu wievielt geht ihr?«, wollte Charles wissen.

»Nur meine Frau und ich.«

»Oh«, antwortete Charles und musste dabei weit zurückdenken, »so habe ich auch angefangen, nur meine Frau und ich. Wenn du treu bist, wird Gott euch eines Tages eine große Schar von Mitstreitern schenken.«

Nachdem Zamu gegangen war, musste Charles lange über sein Leben und seine Entscheidungen nachdenken. Aus dem Regal neben dem Bett holte er einen Stift und sein Tagebuch und hielt darin Folgendes fest:

> Mein Abscheiden aus dieser Welt dauert nicht mehr lange, und ich habe einige Dinge, über die ich sehr glücklich bin:
>
> 1. Gott hat mich nach China gerufen, und ich bin trotz größter Widerstände von denen, die mich lieb hatten, seinem Ruf gefolgt.
>
> 2. Ich habe fröhlich so gehandelt, wie Christus es dem reichen jungen Mann befohlen hatte.
>
> 3. Ich bin dem Ruf Gottes gefolgt und habe 1910 die Reise mit dem Schiff[25] nach Afrika allein angetreten und mein Leben

25 A.d.A.: D.h. mit der *Warwickshire.*

für seine Arbeit aufgegeben, die nicht nur dem Sudan, sondern der ganzen unevangelisierten Welt zugutekommen sollte.

Meine einzige Freude ist, dass ich die Arbeit, die Gott mir aufgetragen hat, nicht abgelehnt habe.

Im Juni 1931 hatte Charles große Schmerzen. Er schaute in sein medizinisches Nachschlagewerk und diagnostizierte Gallensteine. Im Laufe des nächsten Monats wurden die Schmerzen mit jedem Tag schlimmer, bis er komplett hilflos war. Am Donnerstag, dem 16. Juli 1931, war er nur noch zeitweise bei Bewusstsein. Er rang um jeden Atemzug, und mit Mühe brachte er mehrfach ein einziges Wort hervor: »Halleluja«. Kurz nach Einbruch der Dunkelheit verstarb er im Alter von 70 Jahren.

Schon 20 Jahre zuvor hatten die Ärzte Charles davor gewarnt, nach Afrika auszureisen, weil dort in kürzester Zeit der Tod auf ihn warten würde. Damals fragten ihn viele Menschen immer wieder, was nach seinem Tod passieren würde und wie sie sich dann verhalten sollten. Charles gab allen dieselbe Antwort: »Ruft ›Halleluja‹. Die Welt hat ihren größten Narren verloren, und mit einem weniger, der Gott ständig ins Handwerk pfuscht, wird er noch größere Wunder tun. Es soll für mich keine Beerdigungsfeierlichkeiten, keine Kränze, keine Schleifen, keine Tränen und noch nicht einmal einen Trauerzug geben. […] Unser Gott ist noch auf dem Plan, und nichts anderes ist wichtig. Sterben heißt gewinnen.«

Die Gemeinde in Ibambi hielt sich nicht an all diese Anweisungen, die Charles gegeben hatte.

»Buana Mukubua ist tot.« Die Buschtrommeln trugen diese Nachricht über Hunderte von Kilometern in jede Richtung. Bald rollten Tausende von Leuten ihre Schlafmatten zusammen, packten ein paar grüne Bananen ein und machten sich auf den Weg nach Ibambi, um Charles die letzte Ehre zu erweisen.

Beim Anblick des aufgebahrten Körpers fingen viele an zu weinen, andere berührten ihn ein letztes Mal oder beteten zu seinen

Füßen. Am Mittag des nächsten Tages zog ein Sturm auf, aber trotz Regen und heftigen Windes kamen über 2000 Leute zusammen und sahen zu, wie der Sarg in die afrikanische Erde hinabgesenkt wurde. Nach dem Trauergottesdienst wollte niemand nach Hause gehen. Also wurde eine große Gebetsversammlung abgehalten, die die ganze Nacht bis zum nächsten Tag dauerte.

Als die Nachricht von Charles' Tod London erreichte, nahm Alfred, der trotz seiner Entlassung als WEC-Missionar seinen Schwiegervater in höchsten Ehren hielt, das Büchlein *Der Schokoladensoldat* in die Hand und las seiner Frau Edith laut vor:

> Jeder richtige Soldat ist ein Held! Ein Soldat ohne Sinn für Heldentaten ist ein Schokoladensoldat. Allein schon der Gedanke an einen Schokoladensoldaten ist einfach lachhaft. In Friedenszeiten sind wahre Soldaten wie gefangene Löwen, die ungeduldig im Käfig hin und her laufen und dort auf ihr Futter warten. Der Krieg gibt sie frei und sendet sie aus, als wären sie Jungen, die nach Schulschluss endlich etwas erleben wollen, auch wenn sie bei dem Versuch den Heldentod sterben. Kampf ist der Atem des Soldaten. Frieden macht ihn zu einem gebückt einhergehenden Asthmatiker. Der Krieg macht ihn wieder zu einem wahren Mann und gibt ihm die Gesinnung, die Kraft und den Mut eines Helden.
>
> Jeder wahre Gläubige ist ein Soldat Jesu Christi, ein Held «par excellence«! Mutiger als alle anderen verachtet er die sanften Verführungen des Friedens und die oft wiederholten Warnungen vor Härte, Krankheit, Gefahr und Tod …

Alfred nahm schweigend Ediths Hand und sagte dann sanft: »Eines steht fest: Charles Studd war kein Schokoladensoldat.«

Bibliografie

Buxton, Edith, *Reluctant Missionary*,
Christian Literature Crusade, 1968.

Erskine, John T., *Millionaire for God: The Story of C. T. Studd*,
Christian Literature Crusade, 1968.

Grubb, Norman P., *Charles T. Studd. Kein Opfer zu groß*,
Brunnen Verlag, 2014.

Vincent, Eileen, *Charles T. und Priscilla Studd.
Vereint im Kampf für Christus*, CLV, 1996.

WEC International

WEC International (**W**eltweiter **E**insatz für **C**hristus), gegründet von Charles Studd, ist ein weltweit tätiges Missionswerk, dessen Mitarbeiter verschiedenen evangelischen Kirchen, Freikirchen und Gemeinden angehören. Unsere gemeinsame Basis ist der Glaube an Jesus Christus, Gottes Sohn und Erlöser der Welt, und die feste Überzeugung, dass sein Missionsauftrag auch im 21. Jahrhundert noch gilt. Der WEC hat 1800 Mitarbeiter aus 50 Nationen, die in 70 Ländern tätig sind. Aus Deutschland und aus der Schweiz kommen je über 100 Mitarbeiter.

WEC International
Hof Häusel 4
D-65817 Eppstein
Tel. 06198 5859-0
www.wec-int.de

WEC International
Falkenstrasse 10
CH-8630 Rüti (ZH)
Tel. 055 251 5260
www.wec-international.ch

Bibelschulen des WEC International
Um Missionare fundiert auf ihren Einsatz in einer anderen Kultur vorzubereiten, betreibt der WEC englischsprachige Ausbildungsstätten. In diesen *Missionary Training Colleges (MTCs)* werden Studierende von missionserfahrenen Dozenten in einem ein- oder zweijährigen Kurs unterrichtet.
Biblisch-theologische Fächer bilden die Grundlage. Missionsbezogene Fächer kommen hinzu: Kulturübergreifende Kommunikation, Geschichte der Mission, Fremde Kulturen, Biblische Ethik, Weltreligionen, Konflikt- und Stressbewältigung, Teamarbeit und -leitung u. a.

Die Studierenden kommen aus vielen verschiedenen Nationen. Dadurch wird das Leben und Arbeiten in anderen Kulturen eingeübt. MTCs sind familienfreundlich und kostengünstig.
Absolventen von MTCs sind weltweit in vielen verschiedenen Missionswerken tätig.

Cornerstone College, Beugen, Niederlande
www.cornerstonecollege.eu

Worldview College, St Leonards (Tasmanien), Australien
www.worldview.edu.au

Eastwest College, Taupiri, Neuseeland
www.eastwest.ac.nz

WEC International
Weltweiter Einsatz für Christus

Die Autoren

Janet und Geoff Benge schreiben als Ehepaar seit über 20 Jahren gemeinsam Bücher. Janet arbeitete vorher als Grundschullehrerin, und Geoff hat ein Diplom in Geschichte. Sie stammen ursprünglich aus Neuseeland und waren zehn Jahre im Missionsdienst tätig. Sie haben zwei Töchter, Laura und Shannon, und einen Adoptivsohn, Lito. Derzeit leben sie in der Gegend von Orlando (Florida).